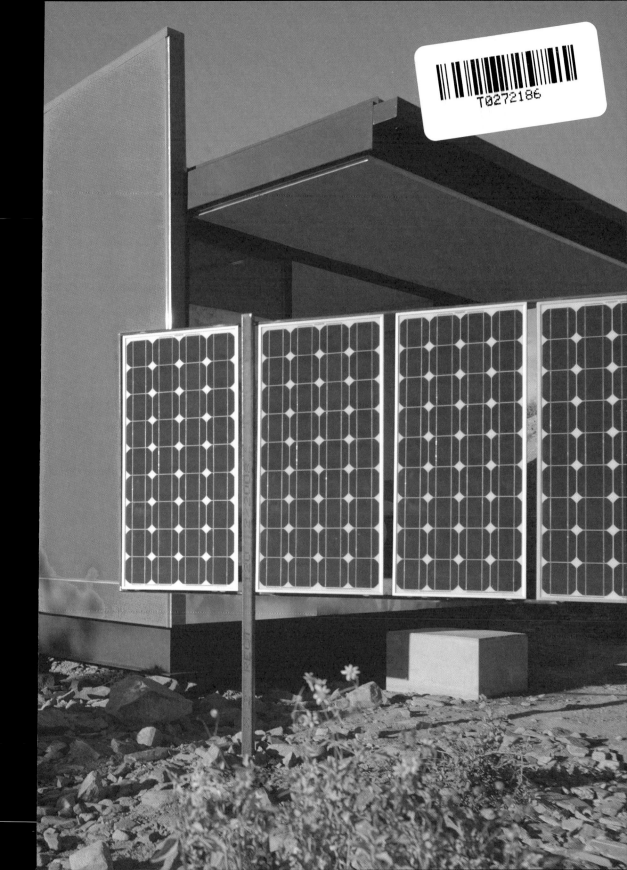

Off Grid

- Nature Powered Homes -

© 2020 Monsa Publications

First edition in 2020 November by Monsa Publications,
Gravina 43 (08930) Sant Adrià de Besós. Barcelona (Spain)
T +34 93 381 00 93
www.monsa.com monsa@monsa.com

Project director Anna Minguet.
Art director & Layout Eva Minguet.
(Monsa Publications)

Printed in Spain by Gómez Aparicio S.A.
Translation by SomosTraductores.

Shop online:
www.monsashop.com

Follow us!
Instagram @monsapublications
Facebook @monsashop

ISBN: 978-84-17557-25-6
D.L. B 19811-2020

Off Grid

- Nature Powered Homes -

monsa

INTRODUCTION

Interest in living off the grid, i.e. self-sufficiently without relying on public services such as the municipal water supply, electricity or local sewage and gas systems, has come on the scene as a greener, cheaper, and more independent way of life.

Homes that are off-grid generally allow for a smaller carbon footprint, and a sense of freedom and self-sufficiency. Living Off-Grid sets you free from depending on a company, either using solar panels, wind turbines, a micro water system, or a combination of these technologies. Other times, an Off-Grid system can work as an energy backup or be complemented by the grid when renewable technologies cannot produce all the energy needed.

We have gathered different examples of nature-powered homes, which are partially or completely off-grid, to focus on the importance of these homes, which put sustainability first.

El interés en vivir fuera de la red, es decir, de manera autosuficiente sin depender de los servicios públicos como el suministro de agua municipal, la red eléctrica o los sistemas de alcantarillado y gas locales, ha surgido como una forma de vida más ecológica, más barata, y más independiente.

Los hogares que están fuera de la red generalmente permiten una menor huella de carbono, y una sensación de libertad y autosuficiencia. Vivir Off-Grid te libera de la dependencia de una compañía, ya sea con paneles solares, turbinas eólicas, un microsistema hídrico, o una combinación de esas tecnologías. En otras ocasiones un sistema Off-Grid puede funcionar como respaldo energético, o complementarse con la red cuando las tecnologías renovables no puedan producir la energía necesaria.

Para poner de manifiesto la importancia de estos hogares, que ponen la sostenibilidad en primer lugar, hemos reunido diferentes ejemplos de nature-powered homes, que están parcial o completamente fuera de la red.

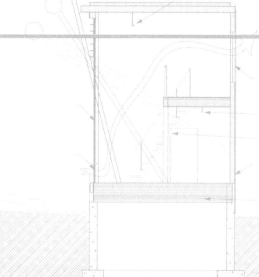

PROJECTS

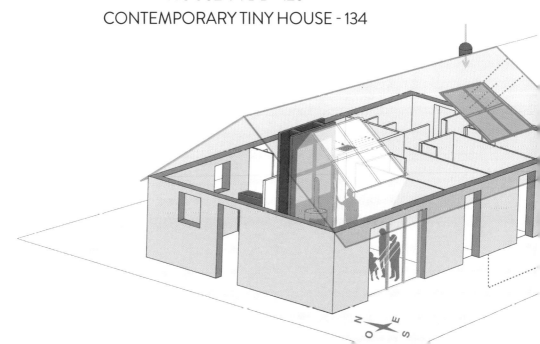

SIMPLE HOME

Gerhard Feldbacher
Location: Austria
Photographs: © Gerhard Feldbacher

The Simple Home is a tiny house designed by Austrian architect Gerhard Feldbacher. What makes it unique is the fact that it stands on four legs about one meter above the ground. This is the main characteristic of the swap body transportation system. What makes the swap body interesting for a mobile house is the fact that the built-up could be constructed in a totally free way. Hence, the Simple Home is built by the implementation of modern woodwork technologies based on cross-laminated wood. A single wall or roof is coming as one piece of timber (5 layers, 10 cm). The main body consists of only 8 pieces and the construction took just about 4 hours to be completed. Therefore the wooden house is very sustainable with good insulation values. To expand the space there is one or two expandable sleeping berths and a terrace which can be flipped open. The Simple Home is designed as a getaway in nature, but it has also been used for several festivals in urban spaces like the Ars Electronica in Linz.

La Simple Home es una diminuta casa diseñada por el arquitecto austríaco Gerhard Feldbacher. Lo que la hace única es el hecho de que se sostiene sobre cuatro patas un metro sobre el suelo. Esta es la característica principal del sistema de transporte de cajas móviles intercambiables. Lo que hace el contenedor intercambiable interesante para una casa móvil es el hecho de que el montaje podría ser realizado de una forma totalmente libre. Por ello, la casa Simple Home está construida por la aplicación de modernas tecnologías de carpintería, basadas en madera de láminas cruzadas. Un solo techo o muro viene como una sola pieza de madera (5 capas, 10 cm). El cuerpo principal consiste solamente en 8 piezas y la construcción solo lleva 4 horas para completarse. Por lo tanto, la casa de madera es muy sostenible y tiene buenos valores de aislamiento. Para expandir el espacio hay una o dos literas extensibles y una terraza que se puede desplegar para abrirla. La Simple Home está diseñada como una puerta a la naturaleza, pero también ha sido usada para varios festivales en espacios urbanos como el Ars Electronica en Linz

Section A-A

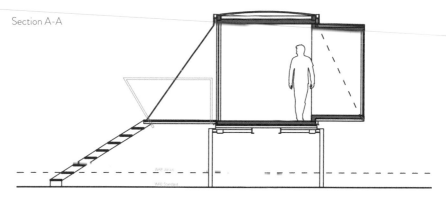

Transported as a swap-body (loading directly by the truck).
Transportado como una caja móvil (cargado directamente por el camión).

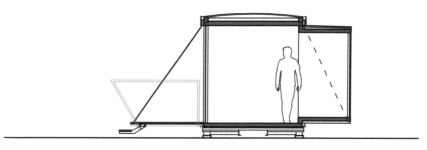

Set on ground (crane needed).
Emplazado en la planta (grúa necesaria).

1 Delivery

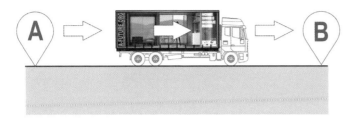

2 Taking out of "Legs"

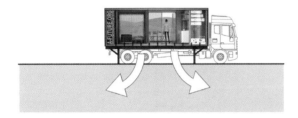

3 Truck lowers and drives away

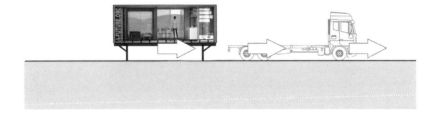

The swap body works like a backpack which is just picked up or dropped off by the truck. Therefore it can be easily moved from A to B.
On the right hand side you can see a schematic view showing the loading process.
1. Delivery by truck.
2. Flipping down the legs.
3. Truck lowers and drives away.
4. Expanding sleeping berth, terrace & stairs.

La caja móvil funciona como una mochila que es agarrada o soltada por el camión. Por lo tanto puede ser movida fácilmente de A a B.
A la derecha se puede ver un esquema que muestra el proceso de carga.
1. Entrega por parte del camión.
2. Voltear las patas.
3. El camión la desciende y se marcha.
4. Extensión de la litera, terraza y escaleras.

The interior is maintained in a very simple manner. Wherever possible, functions are being combined to obtain an open and functional space. To expand the interior even further, huge openings turns the surroundings into part of the interior. To obtain some privacy as well as to protect from sunlight, the outside curtains can be closed. These curtains are also derived by the swap body system and can be printed for particular purposes.

El mantenimiento interior es sencillo. Siempre que sea posible, las funciones se combinan para obtener un espacio abierto y funcional. Para ampliar el interior hacia fuera, enormes aperturas hacen que el entorno se convierta en una parte del interior. Para conseguir cierta privacidad, así como para protegerse de la luz solar, las cortinas exteriores pueden cerrarse. Estas cortinas también provienen del sistema de caja móvil, y pueden ser impresas para personalizarlas.

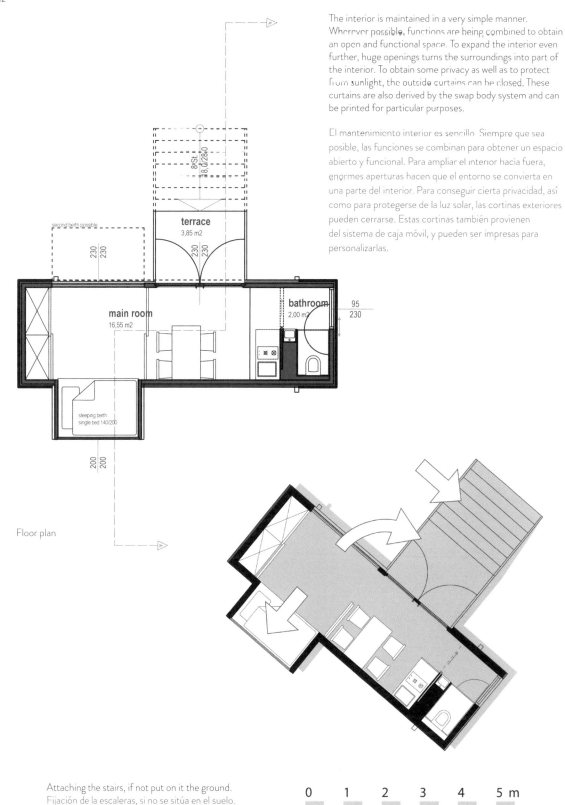

Floor plan

Attaching the stairs, if not put on it the ground.
Fijación de la escaleras, si no se sitúa en el suelo.

0   1   2   3   4   5 m

SHELL RESIDENCE

Kotaro Ide / ARTechnic Architects
Location: Karuizawa, Kitasaku, Nagano, Japan
Photographs: © Nacasa & Partners Inc

The plan was to build the villa around the big fir tree as the center of the site, with a row of pine trees as the main view. Initially, architects had planned to build a shell structure with three dimensionally curved surfaces, and the C shaped section was to surround the fir tree and the plan of the building resembled the letter J In addition, certain parts were planned to hold double volume space. Yet, going over the budget, construction method and finish, the plan was revised down to a shell structure of two dimensio-nally curved surfaces. The J shaped structure is constructed by two different size oval cylindrical masses cut with curves. The straight part of J, a smaller mass connects to a curved part to J, a larger mass. The top of the oval shaped building wall thickens by 350mm and its width continuously increases up to 750mm at both sides to meet the structural requirements.

El plan era construir la casa alrededor de un gran abeto como el centro del emplazamiento, con una hilera de pinos como la vista principal. Inicialmente, los arquitectos habían planeado construir una estructura del caparazón con superficies curvadas tridimensionalmente, la sección en C tenía que rodear el abeto y el plano del edificio tenía una forma parecida a la letra J. Además, algunas partes tenían que mantener espacio de doble volumen. Pero al revisar el presupuesto, el método de construcción y el acabado, el plan fue revisado a la baja a una estructura del caparazón de superficies curvadas de dos dimensiones. La estructura en forma de J se construye por medio de dos masas cilíndricas ovales de dos tamaños distintos cortadas con curvas. La parte recta de la J, una masa más pequeña se conecta con una parte curvada de la J, que es una masa más grande. La parte superior del muro ovalado del edificio aumenta el grosor en 350 mm y su anchura aumenta continuamente hasta 750 mm en ambos lados para cumplir con los requisitos estructurales.

Considering the often short and intermittent use of villas, the expanded hard urethane form has been installed to cover 60 mm of the interior wall of the oval cylinder, which will reduce thermal capacity.

As for the interior finishing touch and for adding surface strength, synthetic resin with vermiculite material sprayed directly on the urethane form surface was the choice. Often the type of finish seen on the back of panels, it is efficient in preventing fire, absorbing sound, and insulating heat and moisture. As previously mentioned, the warm air in-floor heating system has been installed. By dividing the oval section with a flat floor, a bow shaped space will appear on the bottom of the oval, which will serve as a heat chamber and be filled with pipes. Warm air that blows from locations of frequent use will efficiently heat the flooring. Eventually, the warm air will also be released through slit installments by the window, preventing cold drafts. At times of absence, if the temperature drops to freezing point, an automatic system installed beneath the flooring will run its antifreeze procedure. Since the system first heats the plumbing space, and as a result, the antifreeze procedure is run by dramatically reduced energy. The system was further customized by adding a dehumidification and ventilation drive, which runs by automatic operation throughout the year. The efficiency of this system is truly remarkable.

Teniendo en cuenta que a menudo el uso de los chalets es corto e intermitente, se ha instalado una forma de poliuretano expandido duro para cubrir 60 mm de la pared interior del cilindro ovalado, lo cual reducirá la capacidad térmica. Para el toque de acabado del interior y para añadir resistencia de la superficie, se pulverizó una resina sintética con vermiculito directamente sobre la superficie de poliuretano. A menudo, el tipo de acabado que se puede ver en la parte de atrás de los paneles es eficaz para prevenir incendios, absorber el sonido y aislar del calor y la humedad. Tal como hemos mencionado anteriormente, se ha instalado un sistema de calefacción por suelo radiante. Al dividir la sección oval con un suelo plano, un espacio en forma de arco aparece en el fondo del óvalo, que servirá como cámara de calor y se llenará de tubos. El aire caliente que sopla desde los lugares de uso frecuente calentará eficazmente el suelo. Eventualmente, el aire caliente también se liberará a través de instalaciones en las hendiduras de las ventanas, evitando las corrientes de aire frío. Si la temperatura baja al punto de congelación, un sistema automático instalado debajo del suelo llevará a cabo su procedimiento anticongelación. Como el sistema calienta primero el espacio destinado a las tuberías, como resultado, el procedimiento anticongelación se lleva a cabo utilizando una energía drásticamente reducida. El sistema se personalizó aún más añadiendo una unidad de deshumidificación y ventilación, que funciona automáticamente todo el año. La eficacia de este sistema es extraordinaria.

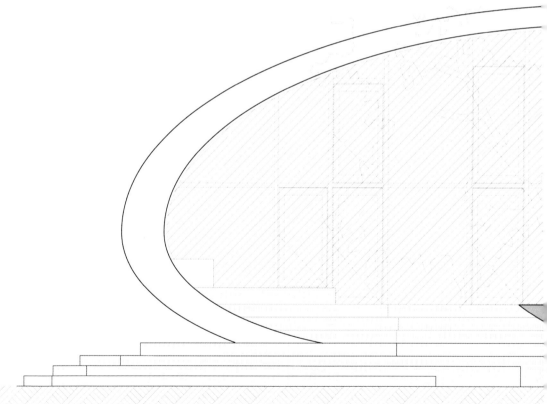

Heating drive in winter season.
Circulación de la calefacción en invierno.

Dehumidification and ventilation drive in summer season and owner's absence.
Unidad de deshumidificación y ventilación en la temporada de verano y en ausencia del propietario.

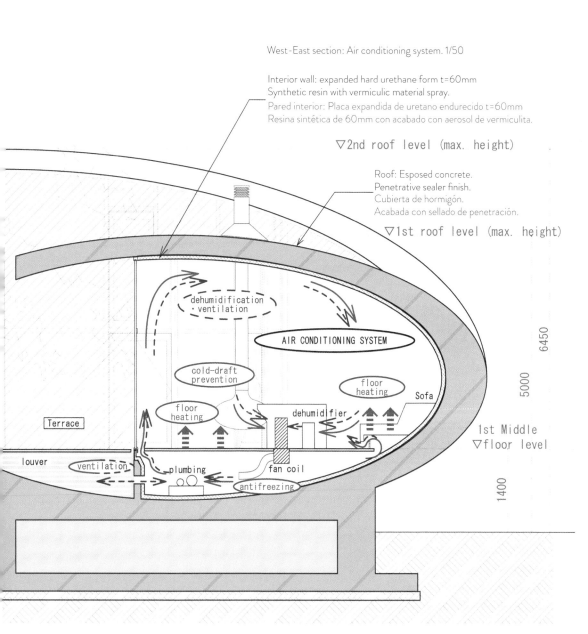

West-East section: Air conditioning system. 1/50

Interior wall: expanded hard urethane form t=60mm
Synthetic resin with vermiculic material spray.
Pared interior: Placa expandida de uretano endurecido t=60mm
Resina sintética de 60mm con acabado con aerosol de vermiculita.

▽2nd roof level (max. height)

Roof: Esposed concrete.
Penetrative sealer finish.
Cubierta de hormigón.
Acabada con sellado de penetración.

▽1st roof level (max. height)

dehumidification ventilation

AIR CONDITIONING SYSTEM

cold-draft prevention

floor heating

floor heating

Sofa

6450

5000

floor heating

dehumidfier

Terrace

1st Middle ▽floor level

louver

ventilation

plumbing

fan coil

antifreezing

1400

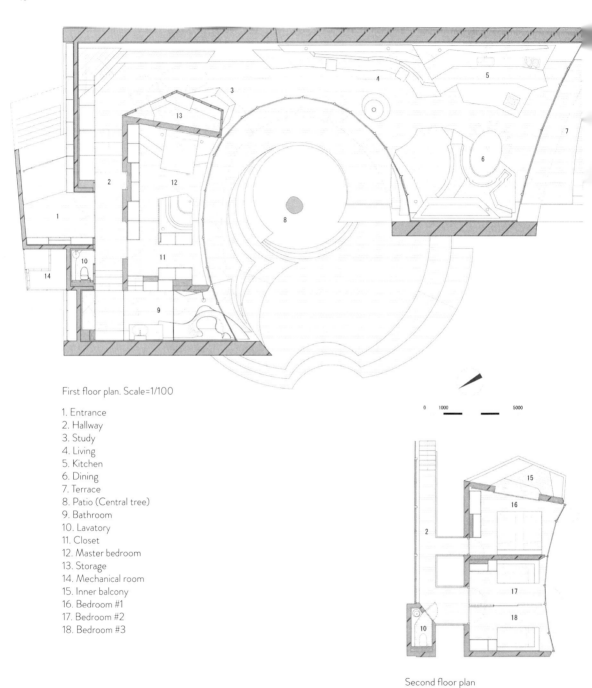

First floor plan. Scale=1/100

1. Entrance
2. Hallway
3. Study
4. Living
5. Kitchen
6. Dining
7. Terrace
8. Patio (Central tree)
9. Bathroom
10. Lavatory
11. Closet
12. Master bedroom
13. Storage
14. Mechanical room
15. Inner balcony
16. Bedroom #1
17. Bedroom #2
18. Bedroom #3

Second floor plan

The tree acts as a central axis of the residence. From its gardener begin the
structure that will shape the building.

El árbol central actua como eje de la residencia. De su alcorque parte la estructura
que dará forma al edificio.

The free-curved lines appear on the edge, and the three dimensionally curved surface with a twist partly appears on the cut surfaces. However the entire structure was composed by two dimensionally curved surfaces. The floor is built 1400mm above the ground, with the lower half of the shell structure protruding greatly towards the outside, supporting the terrace of the same height. All air and exhaust outlets are installed beneath the sash, letting air run outside through the terrace louver.

Las líneas de curvas libres aparecen en el borde, y la superficie curvada tridimensionalmente con una torsión aparece parcialmente en las superficies cortadas. No obstante, toda la estructura estaba compuesta por superficies curvadas bidimensional-mente. La planta está construida 1400 mm por encima del suelo, con la mitad inferior de la estructura del caparazón sobresaliendo hacia el exterior, soportando la terraza de la misma altura. Todas las salidas de aire y de escape están instaladas debajo del bastidor, permitiendo que el aire salga por la rejilla de la terraza.

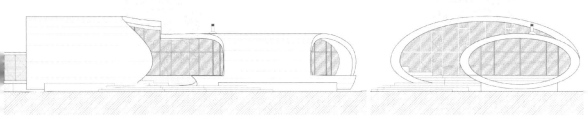

West elevation

South elevation

East elevation

North elevation

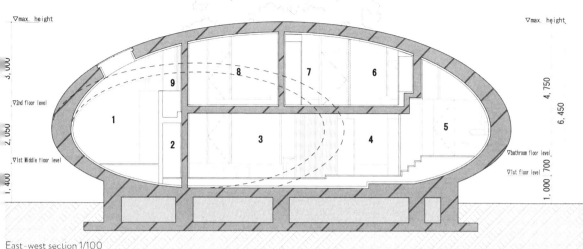

East-west section 1/100

1. Hallway
2. Storage
3. Master Bedroom
4. Closet
5. Bathroom
6. Bedroom #3
7. Bedroom #2
8. Bedroom #1
9. Balcony

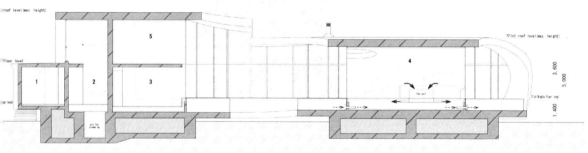

North-south section 1/100

1. Entrance
2. Hallway
3. Master Bedroom
4. Living
5. Bedroom #1

In addition, by devising unfixed windows, we tried to maximize natural ventilation (we haven't arranged air conditioning in general parts). While at a glance, the oval shaped cylinder space might appear as wasteful use of space, the functional use of space is maximized by the installation of furniture in the lower half of the oval cylinder.

Además, mediante la concepción de ventanas no fijadas, se intenta maximizar la ventilación natural (no se ha colocado aire acondicionado en las partes generales). Si bien a primera vista el espacio cilíndrico ovalado puede parecer un despilfarro de espacio, el uso funcional del espacio se maximiza mediante la instalación de muebles en la mitad inferio del cilindro ovalado.

LA BONNE MAISON

Coste Architectures
Location: Prouais-Sur-Opton, France
Photographs: © Vicent Fouin

This latest model for a prefabricated home was the brainchild of the famous photographer Yann Arthus-Bertrand. The design is by Agence Coste Architectures, but the actual construction is the responsibility of the Geoxia consortium (Maisons Phenix). These houses began to be marketed in 2008. From the outside, the residence appears to be made up of fairly classic cubic forms: a rectangular shape and gable roof. The outer cladding on the walls is wood.

From the perspective of sustainable architecture, the house offers a multitude of solutions for greener living. The first is its optimum orientation to the sun, since 72% of the natural light penetrates the building on its southern side. Thanks to this disposition and to all the other bioclimatic features, the property does not need to be heated by electricity. To achieve optimum insulation and prevent heat loss, the project integrated the total elimination of thermal bridges and triple-glazed windows.

In addition, the walls were erected with a double R-value in terms of thermal resistance, in accordance with French technical regulations. The property incorporates thermal solar panels, located on the roof, which provide over 50% of the energy required to heat the water used in the home.

An earth tube (earth-air heat exchanger) buried in a trench at a depth of 2.5m feeds a ventilation system with air at a constant temperature of 14°C (with a variation of ±2°C). The air passes through a double-flow thermodynamic system and is distributed by two diffusers that help to renew the atmosphere inside the house throughout most of the year. A wood-burning stove has also been installed to enhance the heating system.

Este reciente modelo de casa prefabricada se ha realizado por iniciativa del célebre fotógrafo Yann Arthus-Bertrand. El diseño es de Coste Architectures, pero la fabricación está a cargo del grupo Geoxia (Maisons Phenix). La comercialización de estas casas comenzó en el año 2008. Desde el exterior, la residencia presenta unas formas cúbicas y bastante clásicas: forma rectangular y tejado a dos aguas. El revestimiento exterior de las paredes es de madera.

Desde el punto de vista de la arquitectura sostenible, la casa presenta múltiples soluciones para un funcionamiento más ecológico. La primera es una orientación solar óptima, pues a través de la fachada sur penetra un 72% de la luz natural. Gracias a esta orientación y al resto de medidas bioclimáticas, la residencia no precisa calefacción eléctrica. Para conseguir un aislamiento óptimo y evitar la pérdida de calor, el proyecto integró la ruptura total de los puentes térmicos y unas ventanas y cristaleras de triple vidrio. Además, los muros se construyeron con doble resistencia térmica, siguiendo las indicaciones que exige la normativa técnica francesa. La residencia incorpora unos paneles solares térmicos, situados en la cubierta, que aportan más del 50% de la energía necesaria para calentar el agua que se utiliza en la casa.

Un pozo de 2,5 m de profundidad alimenta un sistema de ventilación con aire a una temperatura constante de 14 °C (con una variación de ±2 °C). El aire pasa a través de un sistema termodinámico de doble flujo y se distribuye por dos difusores que contribuyen a que se renueve la atmósfera interior de la casa durante la mayor parte del año. También se ha instalado una estufa de leña para reforzar la calefacción.

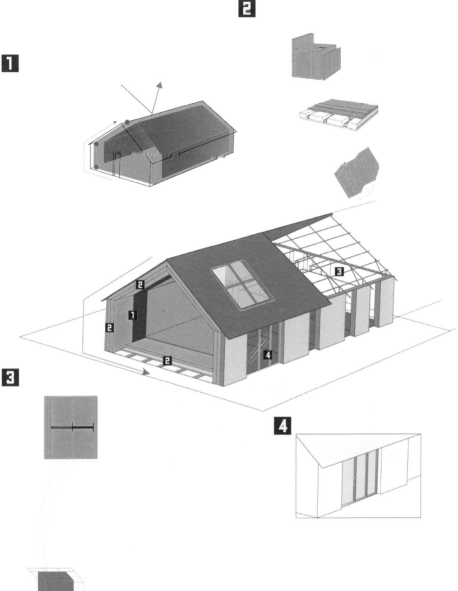

1. Insulation:
  •Constant insulation for the floor, walls and slopes of the roof.
  •Watertight membrane.
2. Reinforced insulation:
  •For the walls: insulation of 200mm + 80mm of alternating layers.
  •For the floor: 65mm insulation.
  •For the slopes of the roof: insulation of 200mm + 200mm of alternating layers.
3. Elimination of thermal bridges:
  •Reduces heat loss.
4. Triple-glazed windows:
  •Reduces heat loss through the windows.
  •25% more efficient than standard double-glazing.

1. Aislamiento:
  •Aislamiento continuo del suelo, las paredes y las vertientes del tejado.
  •Membrana de estanquidad.
2. Aislamiento reforzado:
  •De los muros: aislamiento de 200mm + 80 mm de capas alternas.
  •Del suelo: aislamiento de 65 mm.
  •De las vertientes: aislamiento de 200mm + 200mm de capas alternas.
3. Eliminación de los puentes térmicos:
  •Disminuye la pérdida de calor.
4. Ventanas de triple vidrio:
  •Disminuye la pérdida de las aberturas.
  •Una eficacia un 25% superior a la doble ventana estándar.

The wood cladding and thermal solar panels are the most striking features on the outside of the house, which follows a traditional design, with rectangular shapes and a gable roof. The disposition of the house maximizes heating and lighting.

El revestimiento de madera y las placas solares termales son los elementos que más destacan de la fachada de la casa, que sigue un diseño tradicional, con formas rectangulares y tejado a dos aguas. La orientación de la vivienda consigue una mejor iluminación y aprovechamiento del calor.

The thermal solar panels are used to heat the water supply and the house itself. In this case, over half the water used in the home is heated using this method. This leads to significant energy savings and avoids CO_2 emissions deriving from burning fossil fuels.

Las placas solares termales se utilizan para calentar el agua sanitaria y para la calefacción. En este caso, más de la mitad del agua que se utiliza en la vivienda se calienta por este método. Se consigue un ahorro importante de energía y se evitan emisiones de CO_2 derivadas de la combustión de combustibles fósiles.

Axonometric view

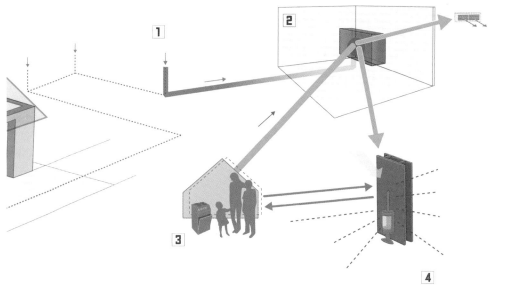

1. Passive geothermal power: an earth tube recovers air from the outside to enable it to enter the house at a constant temperature (14°C ±2°C).
2. This is an innovative, non-conventional heating system. It acts like a double-flow thermodynamic ventilation system that ensures renewal of the air inside the home. The incoming air is preheated by the outgoing air.
3. Energies normally left untapped. All electrical appliances and the human body release heat. The insulation of the property is such that it is possible to take this form of heat into account in the final analysis.
4. Wood-burning stove and wall with thermal inertia properties. In order to create indoor comfort, a wood stove has been installed that uses energy drawn from the biomass, which in this case is wood.

1. Geotermia pasiva: un pozo recupera aire del exterior con el fin de que entre en la casa a una temperatura constante (14°C ±2°C).
2. Este sistema es un modo novedoso y no convencional de calefacción. Actúa como una ventilación termodinámica de doble flujo que asegura la renovación del aire de la residencia. El aire entrante es precalentado por el aire saliente.
3. Energías no explotadas normalmente. Todos los aparatos eléctricos y el cuerpo humano desprenden calor. El aislamiento de la residencia es tal que se puede tener en cuenta este calor en el balance final.
4. Estufa de madera y muro de inercia térmica. Con el fin de crear un confort interior, se ha instalado una estufa de leña que utiliza la energía procedente de la biomasa, en este caso la madera.

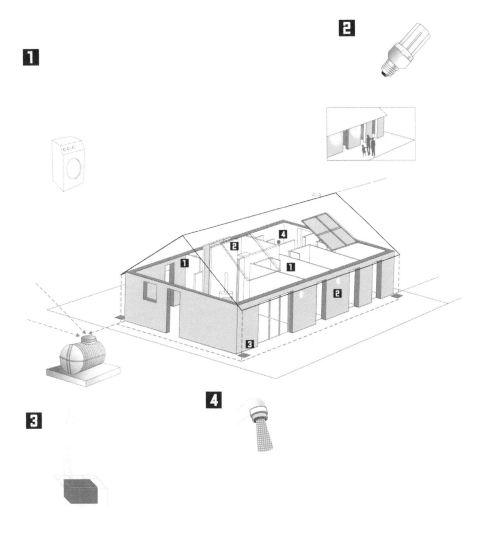

1. Electrical household appliances:
•31% saving.
•The choice of household appliances should be made on the basis of their energy efficiency. Category A++ appliances have been selected.
2. Lighting:
•75% saving in energy when compared to conventional lighting.
•Use of energy-saving compact fluorescent light bulbs (CFLs).
•Motion detectors in external lighting.
3. Recovery of rainwater:
•Rainwater is harvested in a tank buried underground and reused as gray water: for watering the garden and washing the car. This represents a 25% saving in water consumption.
4. Water savings:
•This system replaces part of the water with air, thereby obtaining savings with the same apparent flow of water. This device contributes to energy savings because it also reduces hot water consumption.

1. Electrodomésticos
•Ahorro del 31%.
•La elección de los electrodomésticos se hace en función de su eficiencia energética. Se han escogido de la categoría A++.
2. Iluminación:
•Ahorro de energía del 75% frente a la iluminación convencional.
•Uso de bombillas de bajo consumo.
•Detectores de movimiento en la iluminación exterior.
3. Recuperación del agua de lluvia:
•El agua pluvial se recupera en una cuba enterrada y se reutiliza como agua no potable: riego del jardín y limpieza del automóvil. Significa un ahorro del 25% en el consumo de agua.
4. Ahorro de agua.
•Este sistema reemplaza una parte del agua por aire, con lo que se consigue un ahorro con el mismo flujo de agua aparente. Este dispositivo contribuye al ahorro de energía porque también se reduce el consumo de agua caliente.

The energy consumption for the entire house is 12kW/m² per year, whereas in normal conditions, without taking any measures to increase energy efficiency, it would amount to roughly 70kW/m² per year. The savings in energy, which are calculated to be around 80%, and in water, estimated at about 38%, translate to a reduction in CO_2 emissions into the atmosphere of some 1250kg a year—figures that are by no means negligible, showing that reducing emissions is a viable proposition.

El consumo energético de toda la vivienda es de 12 kW/m² al año, mientras que en unas condiciones normales, sin adoptar medidas de eficiencia energética, rondaría los 70 kW/m² al año. El ahorro de energía, que se calcula en un 80%, y de agua, estimado en un 38%, representan una reducción en la emisión de CO_2 a la atmósfera de 1250 kg al año, unas cifras nada despreciables que demuestran que reducir emisiones es factible.

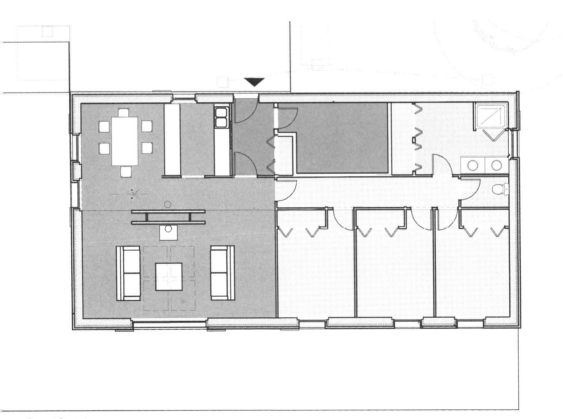

Ground floor plan

ARK-SHELTER
"INTO THE WILD"

Ark shelter studio | Michiel De Backer, Martin Mikovčák
Location: Kysuce, North Slovakia
Photographs: © BoysPlayNice

Nowadays we live in a world where we are extremely busy and from time to time we need to escape from it. Escape from the stress, duties and civilizations back to our roots where it all started.

The past 3 years Ark-shelter has been working on re-designing, building and testing different types of Ark-Shelters. They want to create a place that gives you comfort in the heart of the nature and gives you the perfect setting for a detox of your mind.
From this perspective they created a new Shelter type: "into the wild cabin". With his 5 openings all around, they wanted to create a visual focus of the nature all around. Each opening brings in another atmosphere of the nature.

Hoy en día vivimos en un mundo donde estamos extremadamente ocupados y de vez en cuando necesitamos escapar de él, de los deberes cotidianos. Y para ello es necesario volver a nuestras raíces, donde todo comenzó.

Los últimos 3 años Ark-shelter ha estado trabajando en rediseñar, construir y probar diferentes tipos de Ark-Shelters. El objetivo es crear un lugar que brinde comodidad en pleno corazón de la naturaleza, y que a su vez sea el escenario perfecto para una desconexión total.
Desde esta perspectiva, han creado un nuevo tipo de refugio: "into the wild cabin". Con sus 5 aperturas, se consigue crear un enfoque visual de la naturaleza.

There is a big openable wall side and the big front glazing makes you feel like you're sitting outside. The milk glass window in the bathroom gives you the all-natural incoming light you need. They have made an extra module which is set on the roof and has a big window so you can sleep under a sky full of stars. The Shelter, with its low-tech outlook facade, is created so that it attempts to blend with nature, while refining its complex and sophisticated system that automatically works with space and light.

Una de las aperturas del lateral y su gran acristalamiento frontal da una gran sensación de estar sentado fuera del módulo. La ventana de vidrio en el baño brinda una luz entrante totalmente natural. En el techo existe otro módulo adicional, que permite dormir bajo un cielo lleno de estrellas gracias a un gran ventanal. Este refugio, con su fachada low-tech, está creada para mezclarse con la naturaleza, mientras su complejo y sofisticado sistema funciona automáticamente con espacio y luz.

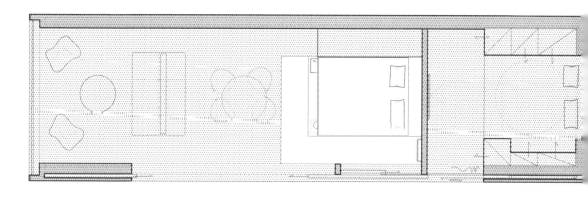

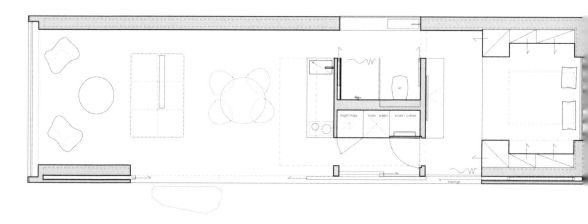

Technical Components:
Boiler - Ariston, sanitary - geberit, sink battery - Sapho
Kitchen Appliances: Mora
Projection Screen - Electric Master
Glazing - Saint Gobain
El. batteries - Mercedes, Solar Panels - from Energy Vision bvba. / not installed in the presented space

Thanks to an automatical system, the heating, cooling and shadings can be pre-programmed. The double-bed goes up automatically in the ceiling, and beneath the bed there is a hidden jacuzzi, this creates a new relaxing area. The Shelter can work completely off-grid through solar panels, batteries and rain water collector.

Gracias a su sistema completamente automático, la calefacción, la refrigeración y protección solar pueden preprogramarse. Una cama doble se pliega automáticamente al techo, y debajo de la cama hay un jacuzzi oculto, lo que crea una nueva área de relajación. El refugio puede funcionar completamente off-grid a través de paneles solares, baterías y colector de agua de lluvia.

The 40 m² has a central black box in the middle that creates 5 different areas, every single side is part of a particular area in the Shelter. The sliding doors in the corners create more space and the different areas can be completely divided.

The left part of the box works as a kitchen and a relaxing zone, the back of the box has a shower and a sink next to the window. Next to the bathroom we have the big bed and the jacuzzi. The extra module on top is another bedroom that you can also easily turn into a relaxing mediation zone.

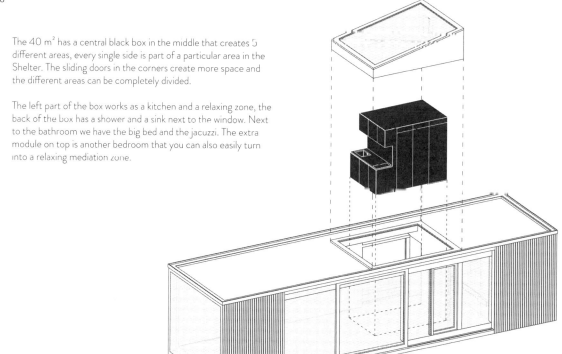

Los 40 m² pueden dividirse en 5 áreas diferentes, cada lado es parte de un área particular del Refugio. Las puertas correderas en las esquinas crean más espacio y con ello las diferentes áreas se pueden dividir por completo.

La parte izquierda funciona como cocina y también como una zona de relajación. En la parte posterior se encuentra una ducha y un lavabo junto a la ventana. Al lado del baño tenemos la cama grande y el jacuzzi. El módulo adicional en la parte superior es otro dormitorio que también puede convertirse fácilmente en una zona de mediación relajante.

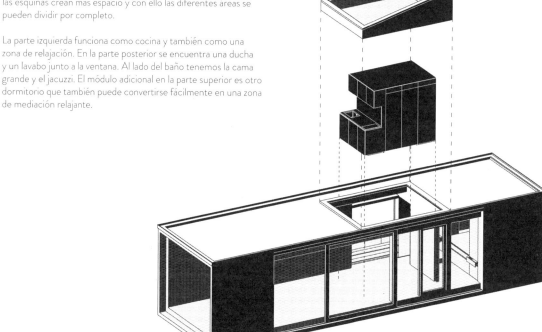

Materials:
Internal lining - Iwtrend spruce bio panel + bleaching technology
Ext. façade cladding - spruce profiles painted with oil black color
Horizontal surfaces + furniture - lacquered oak + beige finish
Roof - Fatrafol
Shower tray - mirror stainless steel
Washbasin in cup - walnut

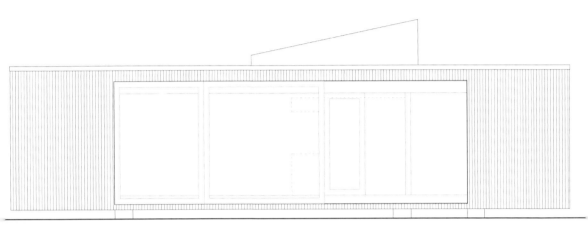

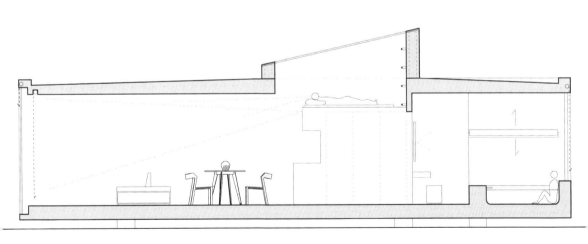

ALPINE BARN

EXIT Associate Architects
Location: Selva di Cadore, Italy
Photographs: © Teresa Cos

In the Italian Alps, barns vary form region to region in their form, materials and structure. In the Cadore which is located in the Dolomites, alpine barns are built from wood and stone. The ground floors in such barns were typically used as stables and the upper floors as haylofts. Architect were asked to design the conversion of a barn into a holiday home in Selva di Cadore on behalf of a mountain enthusiast and his family. The starting point was the careful removal of wooden elements and structural joints. After the building had been dismounted, many wooden beams and boards were cleaned and restored whilst others were replaced with treated wood in order to maintain the chromatic continuity of the material before being remounted. From a volumetric perspective, some annexes that limited the original volume were removed and only essential ones were maintained and integrated in a discreet fashion.

En los Alpes italianos, los graneros varían tanto en forma como estructura y materiales según la región. En el Cadore que se encuentra en las Dolomitas, los graneros alpinos se construyen de madera y piedra. Las plantas bajas eran utilizadas normalmente como establos y las plantas superiores como pajares. Se pidió al arquitecto el diseño de la rehabilitación de un granero en una casa de vacaciones en Selva di Cadore, para un entusiasta de la montaña y de su familia. El punto de partida fue la eliminación cuidadosa de los elementos de madera y juntas estructurales. Después de que el edificio fue desmontado, muchas vigas de madera y tableros fueron limpiados y restaurados, mientras que otros fueron sustituidos por madera tratada con el fin de mantener la continuidad cromática de los materiales antes de volver a montarlos. Desde el punto de vista volumétrico, algunos anexos que limitan el volumen original fueron retirados y sólo los esenciales se han mantenido e integrado de forma discreta.

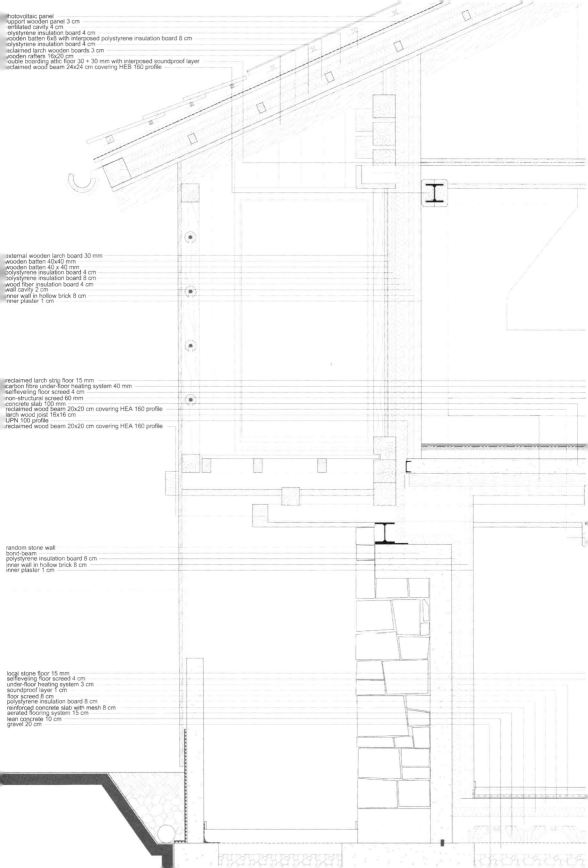

photovoltaic panel
support wooden panel 3 cm
ventilated cavity 4 cm
polystyrene insulation board 4 cm
wooden batten 6x8 with interposed polystyrene insulation board 8 cm
polystyrene insulation board 4 cm
reclaimed larch wooden boards 3 cm
wooden rafters 16x20 cm
double boarding attic floor 30 + 30 mm with interposed soundproof layer
reclaimed wood beam 24x24 cm covering HEB 160 profile

external wooden larch board 30 mm
wooden batten 40x40 mm
wooden batten 40 x 40 mm
polystyrene insulation board 4 cm
polystyrene insulation board 8 cm
wood fiber insulation board 4 cm
wall cavity 2 cm
inner wall in hollow brick 8 cm
inner plaster 1 cm

reclaimed larch strip floor 15 mm
carbon fibre under-floor heating system 40 mm
selfleveling floor screed 4 cm
non-structural screed 60 mm
concrete slab 100 mm
reclaimed wood beam 20x20 cm covering HEA 160 profile
larch wood joist 16x16 cm
UPN 100 profile
reclaimed wood beam 20x20 cm covering HEA 160 profile

random stone wall
bond-beam
polystyrene insulation board 8 cm
inner wall in hollow brick 8 cm
inner plaster 1 cm

local stone floor 15 mm
selfleveling floor screed 4 cm
under-floor heating system 3 cm
soundproof layer 1 cm
floor screed 8 cm
polystyrene insulation board 8 cm
reinforced concrete slab with mesh 8 cm
aerated flooring system 15 cm
lean concrete 10 cm
gravel 20 cm

AA Façade

CC Façade

DD Façade

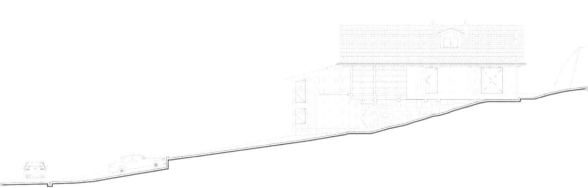

BB Façade

The new exposed black steel structure respects the modular geometry of the barn and lends itself with the original wooden structure. A few steel beams are covered with wood. The building is totally energy self-sufficient thanks to a photovoltaic system integrated within the roof which is made of larch. It also generates zero emissions thanks to an electric under-floor heating system. Great attention was given to: the selection of materials (larch and fir wood, Dolomia stone, black steel, white rough plaster), their interaction and light entering from the windows. Every ambiance in the house is characterised by an accurate weaving of these five materials that creates a balanced and integrated system in each room.

La nueva estructura vista, de acero negro respeta la geometría modular del granero y se funde con la estructura de madera original. Las pocas vigas de acero están cubiertas de madera. El edificio auto- suficiente energéticamente con una instalación fotovoltaica integrada en el techo que es de madera de ciprés. También genera cero emisiones gracias a un sistema de calefacción eléctrica radiada por el suelo. Se prestó gran atención a: la selección de materiales (madera de ciprés y abeto, piedra dolomia, acero negro, capa de yeso blanco), su interacción y la luz que entra por las ventanas. Cada ambiente de la casa se caracteriza por un tejido exacto de estos cinco materiales que crea un sistema equilibrado e integrado en cada habitación.

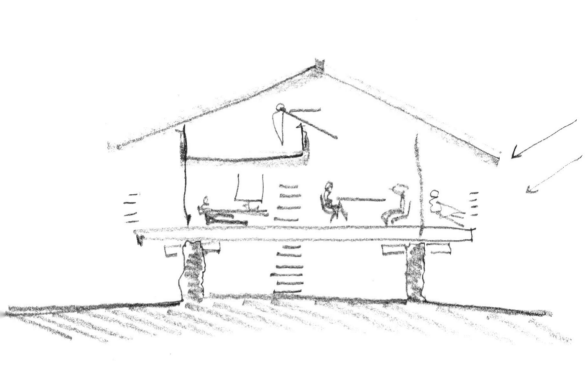

The philosophy of the alpine barn is such that the wood has to age naturally through time gaining its natural protection and a new colour (grey tones in the northern façades and red for the others), until it becomes completely stable. The wood is the witness of the passing of time and of the history of the building itself. They wanted to keep the signs of time passing such as scratches, nail marks and peculiar joints, within view and reach. The external boards show the passing of time because the wood will continue to change according to the season, natural light, and humidity. In the interior we brought together the closed wooden boards alternating the different kinds of kinds of roughness and tones of the same wood.

La filosofía de la granja alpina es tal que la madera a través de los años gana en protección natural, y un nuevo color (tonos de gris en las fachadas norte y el rojo para los otros), hasta que llega a ser totalmente estable. La madera es el testimonio del paso del tiempo y de la historia del propio edificio. Se mantuvieron los signos del paso del tiempo, tales como arañazos, marcas de a la vista y alcance. Las tablas externas muestran el paso del tiempo porque la madera va a seguir cambiando según la estación, la luz natural, y la humedad. En el interior se distribuyeron las maderas alternando las clases, rugosidad y tonos en varios grupos.

HOUSE IN KOJETIN

Kamil Mrva Architects
Location: Kojetín, Czech Republic
Photographs: © Studio Toast

The plot is located in the middle of Kojetín, close to Nový Jicín, on a hill with a view of the surrounding landscape. The investor's intention was to reconstruct a former barn into a place for work and living in the first phase, and build a new family house in the vicinity in the future. The original sandstone walls and pillars from 1862 have been preserved. A reinforcing concrete ring was designed to which a lightweight shed roof was anchored. Inside the original building, a square structure was erected – a studio. This inner wooden building opens to the south and west with glass walls. A distinct element of the composition is a terrace projecting out over the sloping terrain of the garden. The single-space concept is based on how our ancestors used to live in this region.

El terreno está situado en medio de Kojetín, cerca de Nový Jicín, en una colina con vistas al paisaje que lo rodea. La intención del inversor era, en una primera fase, reconstruir un antiguo granero y convertirlo en un lugar para trabajar y vivir, y en el futuro construir una nueva casa familiar en las inmediaciones. Las paredes y columnas de arenisca originales del 1862 se han conservado. Se diseñó un anillo de refuerzo de hormigón al cual se sujetó un techo de poco peso. Dentro del edificio original, se erigió una estructura cuadrada, un estudio. El interior del edificio de madera se abre hacia el sur y el oeste con paredes de vidrio. Un elemento original de la composición es la terraza que se proyecta hacia afuera sobre el terreno en pendiente del jardín. El concepto de espacio único está basado en la manera en que nuestros antepasados vivían en esta región.

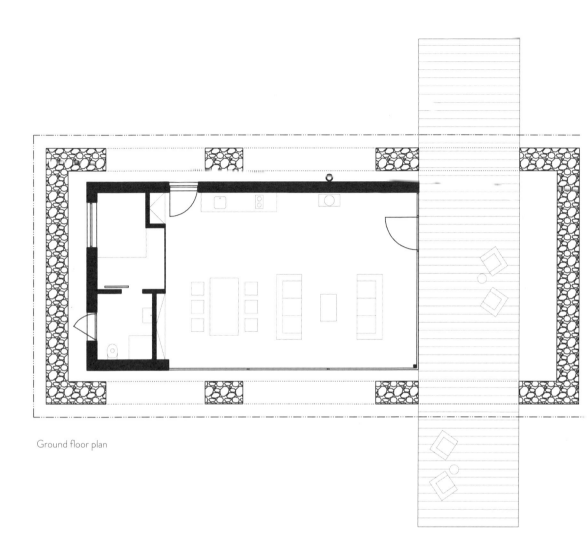

Ground floor plan

All necessities were taken care of in one parlour room; a kitchenette, sitting room and place for sleeping and working. A kitchen, dining room, sitting room with a study and a bedroom with a bathroom are designed in the living space. On the terrace there is a covered space for sitting in the summer and a sunny plank projecting outward.

Todas las necesidades estaban cubiertas en un salón, que incluía cocina americana, sala de estar y lugar para dormir y trabajar. En el espacio habitable se diseñó una cocina, un comedor, una sala de estar con un estudio, y una habitación con baño. En la terraza hay un espacio cubierto para sentarse en verano y un tablón soleado que se proyecta hacia fuera.

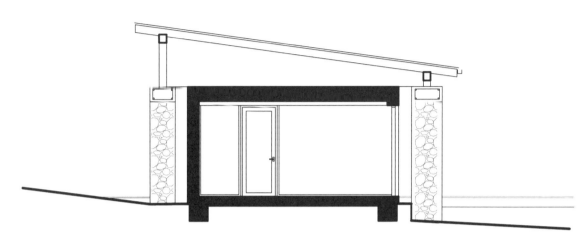

Cross section

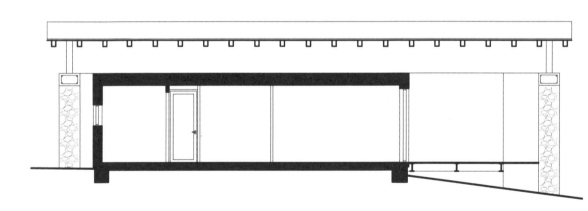

Longitudinal section

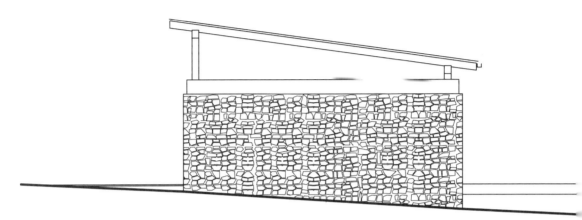

North elevation

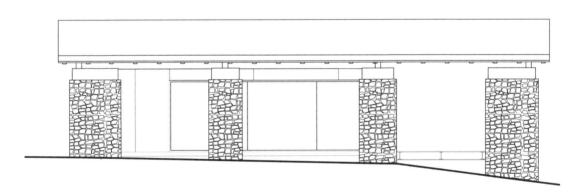

West elevation

MINIMOD

MAPA
Location: Sao Paulo, Brasil
Phography Work: © Leonardo Finotti
Phography Prefab: © André Turazzi
Phography Lifestyle: © Fazenda Catuçaba | E. Rengade

This old Fazenda is located in the east of São Paulo Estate surrounded by a chain of coastal mountains. With ondulating landscapes and dense vegetation, its captivating views invites the user be explored. Catuçaba`s MINIMODs move away from the old central house and seek the perfect terrain for being introduced. On top of a hill, on the edge of a small pond, near a stream or at the bottom of a valley; each adapts to its new landscapes and empowers them.

La Fazenda Catuçaba se localiza al este del estado de São Paulo, Brasil, en el corazón de una cadena de montañas costeras, paisajes ondulantes de vegetación intensa, y vistas cautivadoras que invitan a la exploración. Aquí las MINIMOD encuentran el sitio perfecto para ser colocadas. En la cima de un morro, en la orilla de una pequeña laguna, cerca de un curso de agua o en el fondo de un valle, cada una se adapta a los nuevos paisajes para potenciarlos.

Both MINIMOD Catuçaba have been built in a factory in an industrial town near São Paulo metropolis. They were transported as separate modules for over 150km, before being installed on site with the help of crane trucks.

MINIMOD no es un proyecto acabado, pueden ser creadas tantas como seamos capaces de imaginar. Están basadas en una lógica sistémica de módulos combinables y customizables, que permite la elección y composición de módulos que mejor se adapten a cada nuevo paisaje y usuario, así como ofrece la opción de escoger acabados y equipamientos exteriores. ¡Las posibilidades son infinitas!

MINIMOD aims to be an alternative to traditional construction, incorporating all the advantages that the industry can offer us: greater precision, less amount of waste generation and, above all, greater environmental responsibility. Its CLT (Cross-laminated Timber) technology consists of an industrialized, durable and sustainable system of solid panels of treated wood. Thus, it combines the efficiency of the industrialized product, the sustainability of new technologies and the sensitivity of the quintessential natural material.

MINIMOD pretende ser una alternativa a la construcción tradicional, incorporando todas las ventajas que la industria puede brindarnos: mayor precisión, mayor rapidez, menor cantidad de generación de desperdicios y sobre todo, una mayor responsabilidad ambiental. Su tecnología CLT (Cross-Laminated Timber) consiste en un sistema industrializado, duradero y sostenible de paneles sólidos de madera tratada. Conjuga así la eficiencia del producto industrializado, la sustentabilidad de las nuevas tecnologías y la sensibilidad del material natural por excelencia.

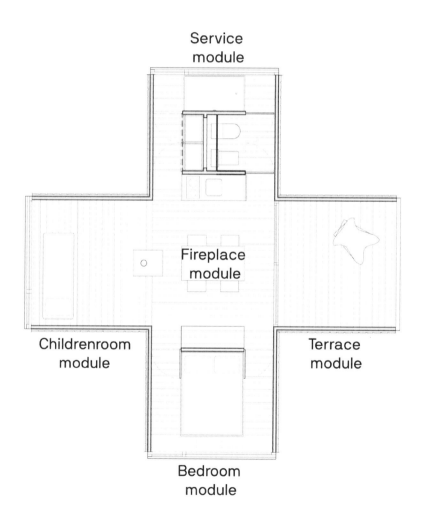

Service module

Fireplace module

Childrenroom module

Terrace module

Bedroom module

Plan

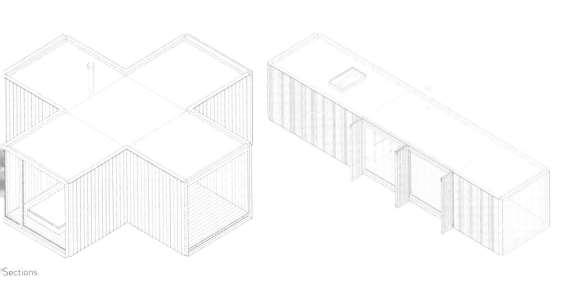

Sections

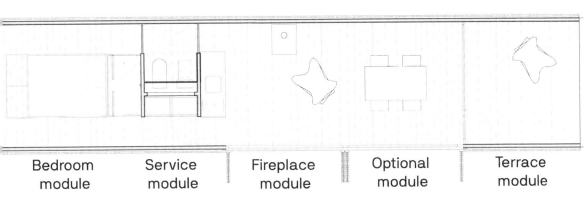

| Bedroom module | Service module | Fireplace module | Optional module | Terrace module |

10   3.0

SPIRAL HOUSE

Powerhouse Company
Location: Burgundy, France
Photographs: © Bas Princen

"We want a house with a twist a house that has something something to say." When a young french family approached the Powerhouse Company to design a house-extension with a twist they had no idea that it could result in a truly twisting house. The new wing of the old Burgundy farm house is meant to host guests of the family. With a large living room and a series of guest rooms the extension is not only an invitation into their home, but it also offers visitors a picturesque experience of the surrounding landscape. Set in the middle of a generous property of 13.000m2, with a small river and a wide variety of old ornamental trees, the Spiral House enjoys the sweet and pastoral charm of the landscape of Burgundy. With its abstract and sculptural volume, the Spiral House escapes any pre-set style and dialogues spontaneously with the old house and the garden.

"Queremos una casa con un giro, que tenga algo que decir". Cuando una joven familia francesa se puso en contacto con Powerhouse Company para diseñar la extensión de su casa con un giro, no tenían ni idea de que el resultado sería una casa realmente retorcida.
La nueva ala de la antigua granja de Burdeos está pensada para albergar a los invitados de la familia. Con una espaciosa sala de estar y una serie de habitaciones de invitados, la extensión no es solamente una invitación a su casa, sino que también ofrece a los visitantes una experiencia pintoresca del paisaje que la rodea. Construida en medio de una generosa propiedad de 13.000m2, con un pequeño río y una gran variedad de árboles ornamentales viejos, la Casa Espiral disfruta del encanto dulce y pastoral del paisaje de Burdeos. Con su volumen abstracto y escultural, la Casa Espiral huye de cualquier estilo predeterminado y dialoga espontáneamente con la antigua casa y con el jardín.

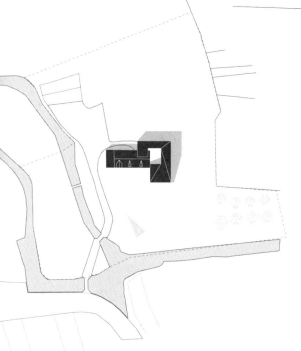

Its geometry grew from the internal organisation of the house and the particular wishes of the client, such as a large and open spaces with high ceilings for the living room and the library on the ground floor, and smaller and intimate spaces for the guest suites. The upper floor also includes a multi-purpose dorm/playroom for the kids and their friends.

Su geometría creció a partir de la organización interna de la casa y los deseos particulares del cliente, como los espacios grandes y abiertos con techos altos para la sala de estar y la biblioteca en la planta baja, y unos espacios más pequeños e íntimos para las suites de los invitados. El piso superior también incluye un dormitorio multiusos/sala de juegos para los niños y sus amigos.

Site map

Section AA

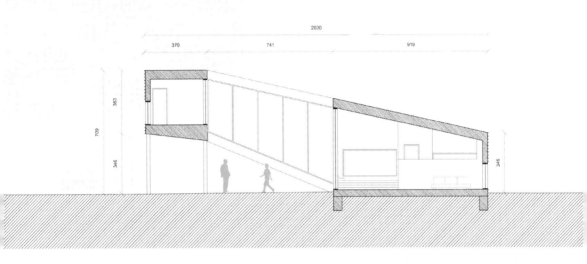

2030

370   741   919

709

363

346

346

Section BB

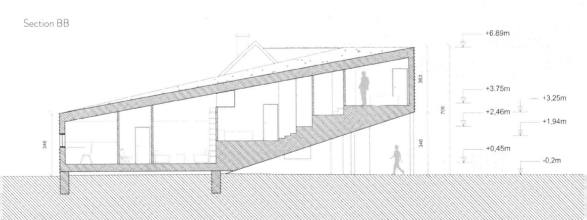

346

709

363

346

+6.89m

+3.75m   +3,25m

+2,46m   +1,94m

+0,45m

-0,2m

Section CC

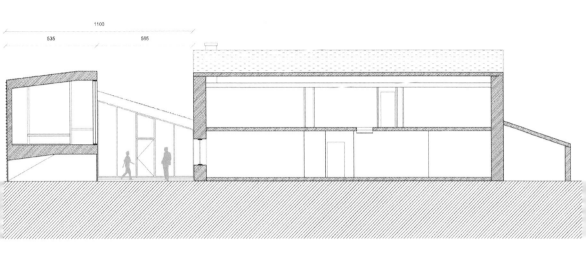

Section DD

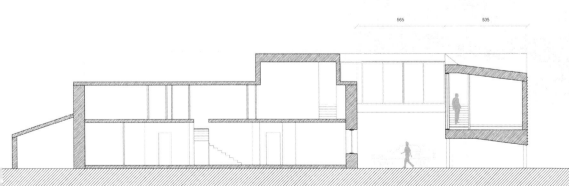

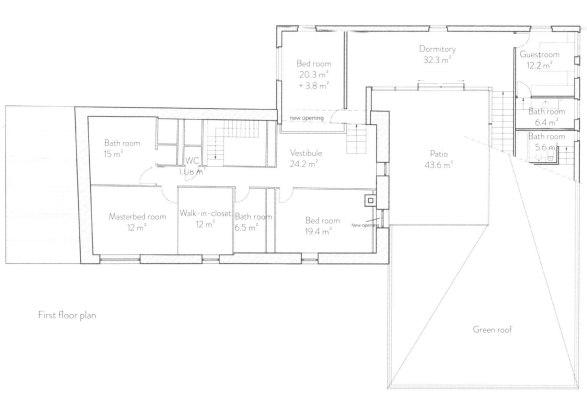

Bed room
20.3 m²
+ 3.8 m²

new opening

Dormitory
32.3 m²

Guestroom
12.2 m²

Bath room
6.4 m²

Bath room
5.6 m²

Bath room
15 m²

WC
1.08 m²

Vestibule
24.2 m²

Patio
43.6 m²

Masterbed room
12 m²

Walk-in-closet
12 m²

Bath room
6.5 m²

Bed room
19.4 m²

New opening

First floor plan

Green roof

Together with the existing house, the programmatic loop of the extension creates a central patio. Visitors enter the extension by the patio and thus are directly welcomed in the heart of the house. A gentle stairs rises gradually around this patio from ground floor to first floor, and provides access to all the rooms. It is a continuous trail of soft atmospheric transitions from public to private. The architecture of the Spiral House is focused on the distribution of openness and the intimacy of space. The fully glazed façade of the patio floods the house with sunlight and creates openness without compromising the intimacy. The external façades are perforated with windows varying in size and proportions and frame selected views on the garden that create a particular atmosphere in each room. The rooms functions as a successions of mezzanines, providing the guest with a subtle feeling of participating in the life of the house.

Junto con la casa existente, el bucle programático de la ampliación crea un patio central. Los visitantes entran a la ampliación por el patio y por lo tanto son recibidos directamente en el corazón de la casa. Una suave escalera sube gradualmente bordeando el patio hasta el primer piso, y da acceso a todas las habitaciones. Es un itinerario continuo de suaves transiciones atmosféricas de los espacios públicos a los privados. La arquitectura de la Casa Espiral está centrada en la distribución de la apertura y la intimidad del espacio. La fachada totalmente acristalada del patio inunda la casa con luz solar y crea la sensación de apertura sin comprometer la intimidad. Las fachadas externas están perforadas con ventanas de distintos tamaños y proporciones, que enmarcan vistas seleccionadas del jardín creando una atmósfera particular en cada habitación. Las habitaciones funcionan como una sucesión de entrepisos, dándole al invitado la sensación de estar participando en la vida de la casa.

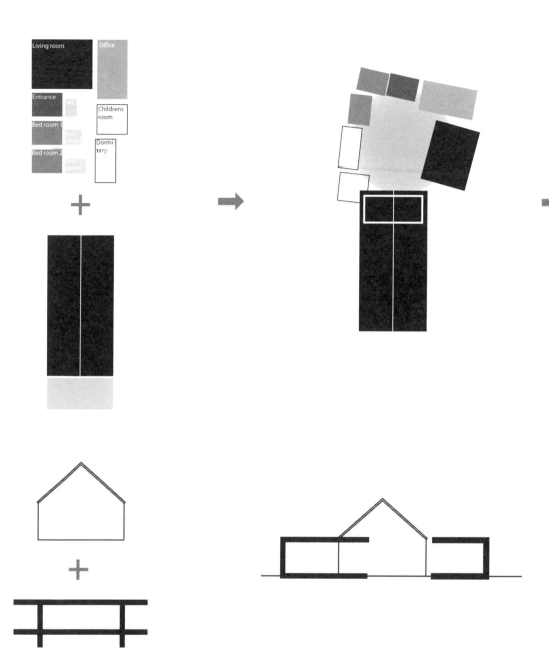

Programme:
The programme of the extension disperses around the
house and into the garden, like a chain. The dining room,
situated in the old part of the house, closes the circle.

Diseño:
El diseño de la extensión se dispersa por toda la casa y el
jardín, como una cadena. El comedor, situado en la parte
antigua de la casa, cierra el círculo.

Organisation:
Views and sunlight exposure is provided from different
sides, relating the house to its surroundings.

Organización:
Las vistas y la exposición a la luz del sol es perfecta desde
cualquier ángulo, integrando la casa en su entorno.

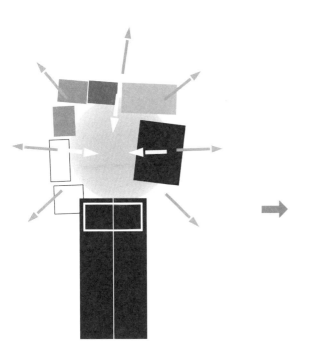

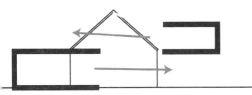

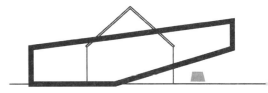

Context:
Through the extension the house becomes
continuing promenade, offering open spaces with
views onto the garden.

Contexto:
A través de la extensión, la casa se convierte en un
permanente paseo, ofreciendo espa-cios abiertos
con vistas al jardín.

Circulation:
The extension attempt to connect the character of the
existing house with the patio, the new construction manages
to bring the garden into the heart of the house, while
providing both open and intimiteness.

Circulación:
La ampliación, conecta el carácter de la casa existente con
el patio, la construcción del nuevo edificio se las arregla para
poner el jardín en el corazón de la casa, al tiempo que ambos
quedan abiertos e intimos.

YOGA STUDIO

Carter + Burton Architecture PLC.
Location: Clarke County, Virginia, Usa
Photographs: © Carter + Burton Architecture PLC.

Yoga Studio is a project which has achieved a Gold rating certificate as part of the LEED for Homes programme in the United States for the perfect interpretation and application of green architecture. The objective behind the design for the Yoga Studio was to create a week-end retreat in Shenandoah Valley for the project's clients, keen on modern designs but also practicing Buddhists. The natural environment has been fully respected as a means of enhancing the pleasure of meditation and the Studio has been proposed as a possible retreat with accommodation for families and friends by means of an ingenious system. The entire project has also been set out with very clear objectives as regards energy efficiency, low consumption and low maintenance. The size restrictions imposed upon the Studio by the Clarke County building regulations promised what was sure to be a design perceived to be large in what was a small space, providing fantastic views of the surrounding landscape with a substantial amount of natural light entering the building from the south side and which also maximises the efficiency of a compact project, with a strictly modern appearance, in the midst of a truly rural setting.

Yoga Studio es un proyecto que ha conseguido el certificado Gold del programa LEED for Homes en los Estados Unidos mediante una perfecta actitud en la interpretación y aplicación de la arquitectura sostenible. Yoga Studio se diseña con el objetivo de crear un espacio de retiro de fin de semana en el valle de Shenandoah para los clientes del proyecto, ávidos de modernidad pero a la vez budistas practicantes. El entorno natural ha sido respetado con el fin de incrementar el gozo de la meditación y se ha planteado el Estudio como un espacio de retiro con posibilidad de alojamiento para familiares y amigos a través de un ingenioso sistema. Al mismo tiempo, todo el proyecto se ha planteado con un os objetivos muy claros de eficiencia energética, consumo mínimo y mantenimiento muy bajo. Las restricciones normativas de tamaño impues- tas para el Estudio en el Condado de Clarke garantizaron un diseño que se percibe grande en un espacio pequeño, que proporciona fantásticas visuales del en- torno y un importante flujo de iluminación natural del sur en el interior al tiempo que maximiza la eficiencia de un proyecto compacto, que se presenta como una forma de pureza moderna en un entorno rural.

The liquid -air thermo-compressor provides cold- heat to the central area through a forced ventilation system. A heat recovery ventilator together with a highly efficient air filter guarantees the air inside the building to be exceptionally clean. When the water- air thermo-compressor is working, the desuperheater inside the unit transfers the excess heat above the storage system temperature to the heat exchange system and avoids using the liquid- liquid thermo-compressor. This reduces the overall number of cycles and therefore the energy consumption, as well as prolonging the life of the equipment. Another interesting aspect as regards this system, more specifically the function of the desuperheater is down to the fact that the surplus heat is essentially released during the cooling operation. This is something which occurs because the heat from the building which is normally transferred to the earth is transferred to the storage system to be later used. Since both the main house and the yoga studio are classed as second homes for the owners, the storage system is disconnected when one of the two is uninhabited, the reason for which the heating-air-conditioning system permanently maintains some form of temperature compensation. The entire system can be fully operated by remote (through the internet) which includes being activated in order to be up and running for when the occupants arrive. The inside and outside temperature sensors can be regulated according to needs and use.

El termocompresor líquido-aire proporciona frío-calor al espacio central a través de un sistema de ventilación forzada. Un ventilador de recuperación de calor junto con un filtro de aire de alta pureza asegu- ra que el aire interior se mantenga excepcionalmente limpio. Cuando el termocompresor agua-aire está en funcionamiento, el desuperheater contenido dentro de la unidad reenvía el calor al sistema de transferencia de calor, que excede de la temperatura total del sistema de almacenamiento y evita utilizar el termocompresor líquido-líquido. De este modo se reduce el número total de ciclos y, por lo tanto, el consumo de energía, prolongando también la vida útil del equipo. Otro aspecto interesante de este sistema y concretamente de la función del desuperheater es debido a que el calor rechazado es esencialmente libre durante la operación de enfriamiento. Esto ocurre porque el calor del edificio que normalmente es transferido a la tierra se transfiere al sistema de almacenamiento para su posterior uso. Como tanto la casa principal como el estudio de yoga actúan como segunda residencia para los propietarios, se desactiva el sistema de almacenamiento cuando alguno de los dos está deshabitado, por lo que el sistema de calefacción-refrigeración mantiene una suerte de temperatura de compensación. El sistema se puede activar remotamente para estar ya operativo cuando lleguen los ocupantes. También remotamente (a través de internet) se puede controlar todo el sistema. Los sensores de temperatura exteriores e interiores se regulan en función de necesidades y usos.

Living roof collects rainwater & provides additional insulation. Indirect lighting reflects off s/s ceiling.

. Narrow high north operable windows aid daylighting and cross breezes.

. LED light fixtures.

. Open Jefferson stair permits light deeper into space.

. Opaque north side protects from storms.

. Deep floor diaphragm for bed bunks & storage.

. Loft storage.

. Yoga studio.

. Crawl space.

0. June 21st.

1. Late March-mid September.

2. December 21st.

3. Fixed windows.

4. Operable windows.

1. La cubierta recoge el agua de la lluvia y proporciona aislamiento. La luz indirecta se refleja en el techo.

2. Las estrechas ventanas del norte ayudan a la ventilación y la iluminación.

3. Luces LED.

4. La escalera sin contrahuella permite el paso de la luz en el espacio inferior.

5. La parte opaca de la cara norte protege de las tormentas.

6. El Diafragma del pavimento permite incluir camas y espacio extra.

7. Espacio de almacenamiento.

8. Yoga Studio.

9. Zona antihumedad.

10. 21 de Junio.

11. De Marzo a Septiembre.

12. 21 de Diciembre.

13. Ventanas Fijas.

14. Ventanas abatibles.

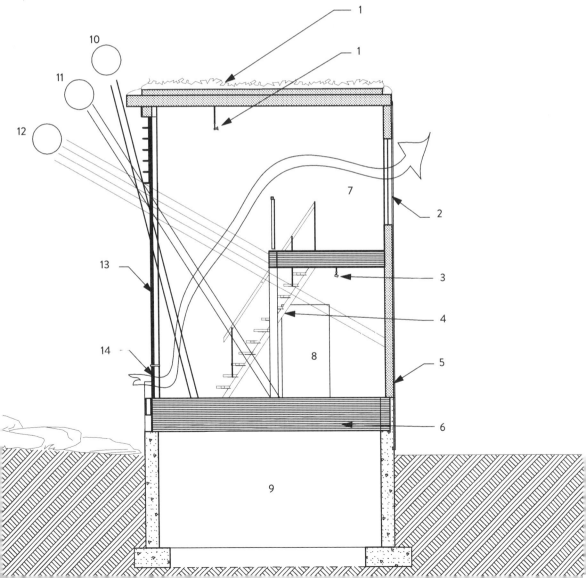

The slightly rounded effect of the two main facades are designed to be appropriate for creating accesses at the end of the building in such a way that the east entrance, together with the rest of the architectural elements, such as the roof, gives the studio an appearance similar to that of a "tree house". The walls and the convex roof provide sufficient energy for the project to fall within the highest requirement level as regards sustainable architecture. The site itself proved to be just as much of a challenge for Carter+Burton as the construction of the building itself. The selected location lies behind a crag, 30 metres from the main house, which allows for a certain visual independence without being totally disconnected from the house and at the same time sharing some common services as a means of reducing the general impact. The area's original vegetation has been left in tact and appears in the form of sturdy tree trunks, lichen covered stones and more than an acre of wild bilberries. Likewise, the impact on the woodland has been minimal, but even so it has been a matter of rapidly returning it to its original state by replanting non invasive indigenous species and special dry region shrubs which readily absorb water. During the construction work, the trees were protected from impacts and bumps, and any land erosion was kept in check, preventing any of the site remains from sliding down into a hill below, the entire perimeter was safeguarded for this reason. The access road finishes at the main house, after which there comes a winding path, full of ambience, which leads through the forest to the yoga studio.

Las líneas ligeramente curvadas de las dos fachadas principales anticipan una forma propicia para crear los accesos al edificio por los extremos, de manera que la entrada por el este en conjunto con el resto de elementos arquitectónicos, como la cubierta, generan una vista del estudio que lo asemeja a una "casa del árbol". Las paredes y la curva de la cubierta proporcionan la suficiente energía como para situar al proyecto dentro de las máximas exigencias en cuanto a diseño sostenible. El emplazamiento se demostró tan desafiante para Carter+Burton como para la propia construcción del edificio. El lugar escogido descansa tras un peñasco, a 30 metros de la casa principal, permitiendo cierta independencia visual sin apreciarse una desconexión total con la casa y compartir a la vez algunos servicios comunes, reduciendo de este modo el impacto general. La vegetación original de la zona se ha mantenido intacta y se presenta en forma de fuertes maderas, líquenes cubriendo cantos rodados y más de un acre de arándanos salvajes. Del mismo modo, el impacto en el bosque ha sido mínimo, pero aun así se ha tratado que vuelva a su estado original rápidamente replantando especies indígenas no invasivas y plantas de sequía tolerantes, especializadas en absorber el agua. Durante la construcción se protegieron los árboles evitando impactos y golpes y se controló la erosión del terreno, evitando que restos de la obra pudiesen deslizarse colina abajo, por lo que se controló todo el perímetro. La carretera de acceso a la casa principal termina allí, por lo que más adelante discurre un paseo aleatorio y lleno de sensaciones a través del bosque que desemboca en el estudio de yoga.

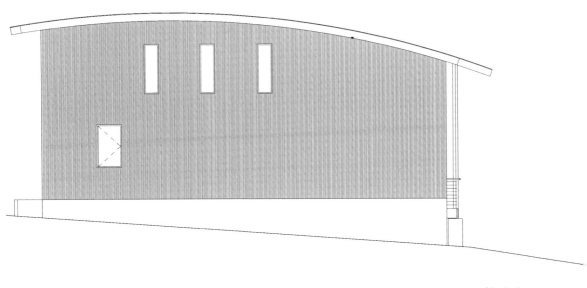

North elevation

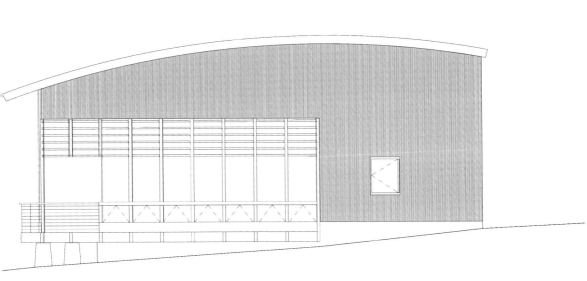

South elevation

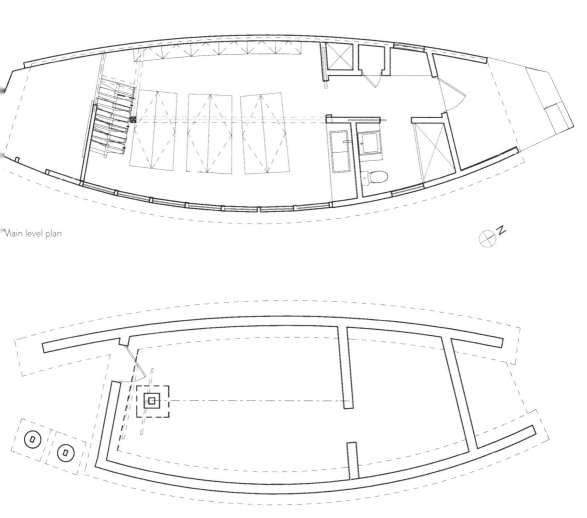

Main level plan

Foundation plan

A geo-exchange system provides an efficient means of cooling and heating the studio as well as all the domestic hot water. The system consists of an underground heat exchanger loop (geo-exchanger) connected to a liquid-liquid thermo-compressor and also to a liquid-air thermo-compressor. The loop system employs underground vertical and horizontal pipes designed for heating and cooling the studio as well as the main house. These thermo-compressors are limited in their ability to increase and maintain the temperature in the domestic hot water tanks, due to the risk of the growth of biological organisms in the tanks. For this reason a thermal storage system has been installed using a fluid heat exchange system.

Un sistema de geo-intercambio proporciona un eficiente espacio de frío y calor y todas las necesidades de agua caliente sanitaria del estudio. El sistema consiste en un bucle de transferencia de calor bajo tierra (geoexchanger) conectado a un termocompresor líquido-líquido y a un termocompresor líquido-aire. El bucle emplea tuberías verticales y horizontales enterradas y está dimensionado para calentar y enfriar tanto al estudio como a la casa principal. Estos termocompresores están limitados en su capacidad para elevar y mantener la temperatura en los depósitos de agua caliente sanitaria, con el consiguiente riesgo de crecimiento de organismos biológicos en los tanques. Por este motivo se colocó un sistema de almacenamiento térmico utilizando un medio de transferencia de calor acuoso.

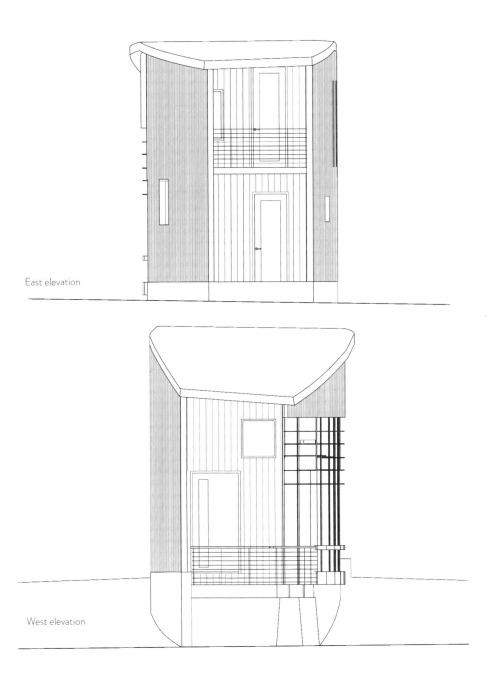

East elevation

West elevation

Due to the building being so narrow a heat recovery ventilator was installed to achieve efficient cool air ventilation. With this system almost 70% of the heat is recovered which would normally be lost in winter and likewise in the summer, the system rejects 70% of the heat gained. A great deal of sustainable materials have been used in the construction of the Yoga Studio, also recommended by LEED, the main objective being to satisfy the desires of the customer and to achieve a healthy indoor environment through the use of sustainable products.

A causa de la estrechez del edificio fue instalado un ventilador de recuperación de calor para conseguir una eficiente ventilación de aire fresco. Con este sistema se recupera casi el 70% del calor que se perdería durante el invierno y al mismo tiempo rechaza el 70% del calor ganado durante el verano. En la construcción del Yoga Studio se han utilizado gran cantidad de materiales sostenibles, recomendados también por el propio LEED, con el objetivo prioritario de satisfacer los deseos del cliente y de conseguir un ambiente interior sano mediante el uso de productos sostenibles.

THE EDIFICE

MTD | Marc Thorpe Design
Location: Fremont, New York, USA
Photographs: © Marco Petrini

The Edifice, is a modest 500 square foot cedar cabin located in Fremont, New York. Approximately two hours northwest of New York City nestled in the woods of the western Catskills mountains. The edifice is an exercise in reduction, to live with only what is necessary and self-reliance. Inspired by the writings of the transcendentalist Emerson and Thoreau, the cabin stands as an example of introverted architecture or neo-transcendentalism. Transcendentalism as defined as, a belief in the inherent goodness of people and nature. The belief that society and its institutions have corrupted the purity of the individual and that people are at their best when truly self-sustaining and independent. In the architecture of the edifice, this is exhibited through its physical isolation, essentialist programming and self-sustaining infrastructure. The building sits quietly among the trees, in perfect balance with its environment.

The Edifice, es una modesta cabaña de cedro de 45 metros cuadrados ubicada en Fremont (NY). Aproximadamente dos horas al noroeste de la ciudad de Nueva York, se encuentra en los bosques de las montañas occidentales de Catskills. The Edifice es un ejercicio de reducción y autosuficiencia, para vivir solo con lo necesario. Inspirada en los escritos de los trascendentalistas Emerson y Thoreau, la cabaña se erige como un ejemplo de arquitectura introvertida. El trascendentalismo se define como una creencia en la bondad inherente de las personas y la naturaleza. La creencia de que la sociedad y sus instituciones han corrompido la pureza del individuo, y que las personas están en su mejor momento cuando son verdaderamente autosuficientes e independientes. En la arquitectura de este proyecto, esto se exhibe a través de su aislamiento físico, programación esencialista e infraestructura autosuficiente. The Edifice se encuentra en silencio entre los árboles, en perfecto equilibrio con su entorno.

The presents of the structure highlights the surrounding environment itself. The building acts as an inflection point within the context of space to heighten our awareness of the environment The east facing façade, austere, with no fenestration acts as a screen for the sun and trees to project a play of light and shadow. This interaction produces a type of camouflage for the structure, blurring the delineation of its edges and mass with the passing of ephemeral light. Psychologically, the interplay of light and shadow establishes a sense of place through memory. The building can only exist in this specific environment through the interaction of the trees, sunlight and our eyes.

En su estructura destaca el entorno que lo rodea. The Edifice actúa como un punto de inflexión dentro del contexto del espacio para aumentar nuestra conciencia sobre el medio ambiente. La fachada orientada al este, austera, sin fenestración, hace de pantalla para que el sol y los árboles proyecten un juego de luces y sombras. Esta interacción produce un tipo de camuflaje para su estructura, difuminando la delineación de sus bordes con el paso de la luz efímera. Psicológicamente, la interacción de la luz y la sombra establece un sentido de lugar a través de la memoria. The Edifice solo puede existir en este entorno específico a través de la interacción de los árboles, la luz solar y nuestros ojos.

As one moves around the building, a single strip window on the south and west façade slowly reveal the spaces within, allowing the individual a brief moment to view the interior program. The north face of the building folds inwards opening itself up as the point of entry through its void but also as an internalized deck, making a subtle historical reference to the traditional farmhouse porch.

A medida que uno se mueve alrededor de su estructura, una sola franja en la fachada sur y oeste revela lentamente los espacios interiores, lo que permite al individuo un breve momento para ver el esquema interior. La cara norte se pliega hacia adentro abriéndose como el punto de entrada a través de su vacío, pero también como una cubierta interiorizada, haciendo una sutil referencia histórica al porche tradicional.

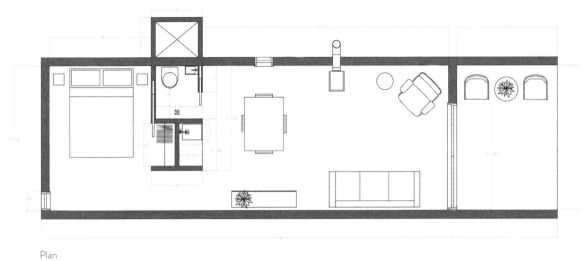

Plan

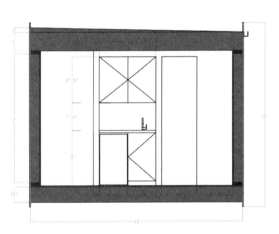

Section

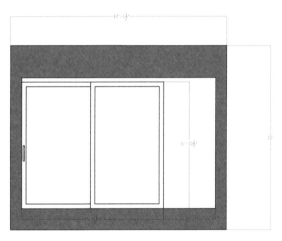

North Elevation

Once inside, the program of the building is divided into four zones, live, cook, dine and sleep. Defined as a "lifecycle" program, it is the minimum essence of human habitation and sustainability. At the heart of the space, separating the sleeping from the living zone is the service core. Within the core are the required systems to sustain habitation.

Una vez dentro, el esquema de la construcción se divide en cuatro zonas: vivir, cocinar, cenar y dormir. Definido como un programa de "ciclo de vida", es la esencia mínima del ser humano y la sostenibilidad. En el corazón del espacio, separar el dormitorio de la zona de vida es vital. Dentro del núcleo se encuentran los sistemas necesarios para mantener el hábitat.

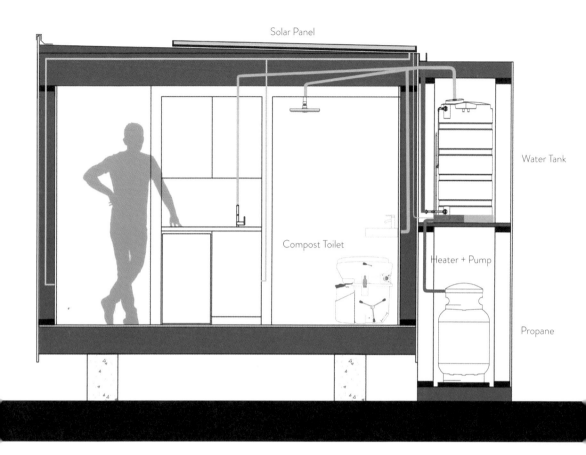

Solar Panel

Water Tank

Compost Toilet

Heater + Pump

Propane

All systems pertaining to the habitation of the cabin are "introverted" or traditionally defined as, "off-grid." These systems include solar power, water harvesting and composting toilet. Heating is provided by a wood burning stove and cooling is accomplished through cross ventilation. Lighting for the space is provided by candle.

Todos los sistemas pertenecientes a la cabaña son "introvertidos" o tradicionalmente definidos como "off-grid". Estos sistemas incluyen energía solar, recolección de agua y baños de compostaje. La calefacción es proporcionada por una estufa de leña, y el frío se logra mediante ventilación cruzada. La iluminación del espacio es proporcionada por velas.

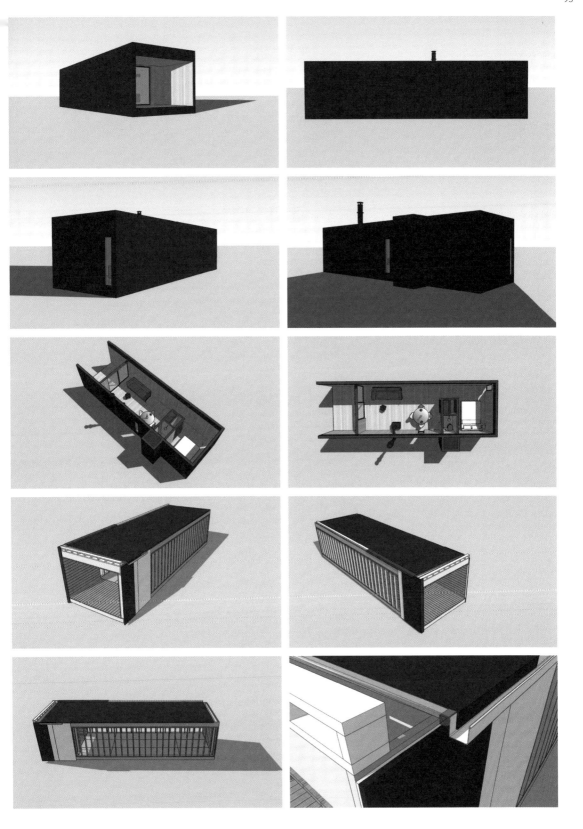

BEITCHER RESIDENCE

W3 Architects
Location: Santa Monica, California, USA
Photographs: © Tim Street Porter

The Beitcher residence has been conceived by W3 Architects as something of a modern showcase for sustainable design for what is an extremely eco- conscious family. The location of the house on the plot corresponds to the north facing position on Boulevard San Vicente and the desire make the most of the plot's east and south orientation. The strict building regulations in Santa Monica allowed the building to be raised one floor on the north side and extended on the west side in order to make the most of the building's exposure to the south. Both the clients and the team at W3 Architects worked together on optimizing the specific requirements for the plot and the building regulations to gain the most possible open space on the plot and also managing to build on 64% of the plot. The two storey residence includes a communal area on the ground floor by combining the lounge with the kitchen and an open air living room, a large indoor lounge, a sewing room, three bedrooms and three bathrooms. The first floor includes a multipurpose room which at times serves equally as a children's room or as an improvised office.

La residencia Beitcher ha sido concebida por W3 Architects como un moderno escaparate del diseño sostenible para una familia extremadamente ecoconsciente. El emplazamiento de la casa en el solar responde a la condición de orientación norte del Boulevard San Vicente y el deseo de optimizar la orientación solar desde el este hasta el sur. Las estrictas ordenanzas de Santa Monica permiten subir una altura en la parte norte y extenderse en la parte oeste, de manera que se aprovecha la exposición hacia el sur. Tanto los clientes como el equipo de W3 Architects actuaron en conjunto para conseguir optimizar los ajustes específicos del solar y de las normativas, maximizando de este modo la obtención de espacio abierto en la parcela, llegando a conseguir el 64% del solar. La residencia se compone de dos plantas que acogen un programa formado en planta baja por un espacio común que conecta el salón con la cocina y con un estar al aire libre; una gran sala de estar interior, cuarto de costura, tres dormitorios y tres cuartos de baño. En la primera planta se coloca un espacio multifuncional que sirve las veces de espacio para los niños como de improvisada oficina.

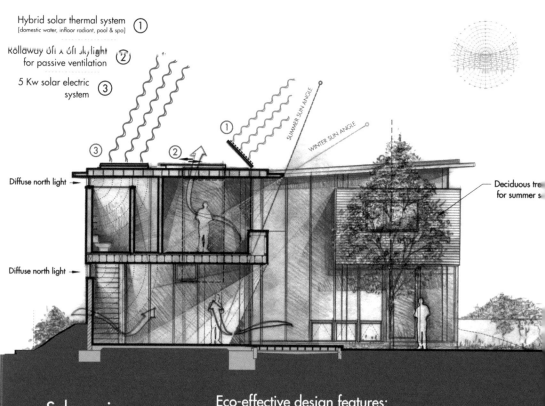

Hybrid solar thermal system ①
[domestic water, infloor radiant, pool & spa]

Rollaway 6ft x 6ft skylight ②
for passive ventilation

5 Kw solar electric ③
system

③

②

①

SUMMER SUN ANGLE

WINTER SUN ANGLE

Diffuse north light ←

Diffuse north light ←

Deciduous tre
for summer s

Solar gain
section diagram

Eco-effective design features:

Passive Solar Design:
·Direct gain passive solar heating that utilizes 8" thick concrete block walls
 and exterior earth berms for thermal mass
·Passive cooling and ventilation that utilizes a two story thermal chimney
·Day lighting throughout

State of the art active solar thermal and solar electric technologies:
·Active solar thermal water heating system that heats the domestic hot water,
 in-floor radiant heating and the pool and spa
·5.0 KW solar electric photovoltaic system
·Low voltage lighting system throughout

Wide spectrum of "Green" building materials:
·FSC Western Red Cedar exterior cladding
·Pau Lope decking
·Bamboo cladding at main level ceiling
·Palm wood upper level flooring
·Strawboard cabinets throughout
·Cesarstone counter tops
·Post industrial denim batt insulation
·Exposed steel frames
·Trust joist floor framing

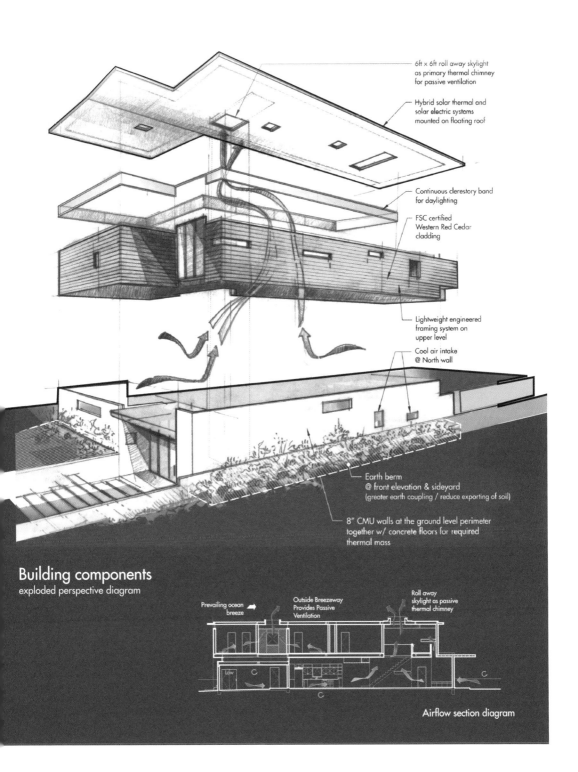

6ft x 6ft roll away skylight as primary thermal chimney for passive ventilation

Hybrid solar thermal and solar electric systems mounted on floating roof

Continuous clerestory band for daylighting

FSC certified Western Red Cedar cladding

Lightweight engineered framing system on upper level

Cool air intake @ North wall

Earth berm @ front elevation & sideyard (greater earth coupling / reduce exporting of soil)

8" CMU walls at the ground level perimeter together w/ concrete floors for required thermal mass

Building components
exploded perspective diagram

Prevailing ocean breeze

Outside Breezeway Provides Passive Ventilation

Roll away skylight as passive thermal chimney

Low

C

C

C

Airflow section diagram

In the passive solar design, direct gain passive solar heat is produced though a concrete wall 20 centimetres thick which acts as a Trombe wall and cooling and ventilation through a two storey high chimney. The thermal electric and active solar technologies comprise a solar heating system for the water which performs well for the domestic hot water system throughout the house, the underfloor heating, the swimming pool and the small spa. Likewise, a set of photovoltaic panels produce 5 KW of electricity which powers the low consumption outside lighting system.

En el diseño solar pasivo, la ganancia pasiva directa de calor solar se produce a través de un muro de hormigón de 20 centímetros de grosor que actúa como muro Trombe y la refrigeración y la ventilación a través de una chimenea de dos plantas de altura. La tecnología eléctrica térmica y solar activa se compone de un sistema solar de calefacción de agua que rinde para el agua caliente sanitaria de todo el hogar, la calefacción de suelo radiante, la piscina y el pequeño spa. Así mismo, un sistema de placas fotovoltaicas produce 5,0 KW de electricidad que sirve al sistema de iluminación exterior de bajo consumo.

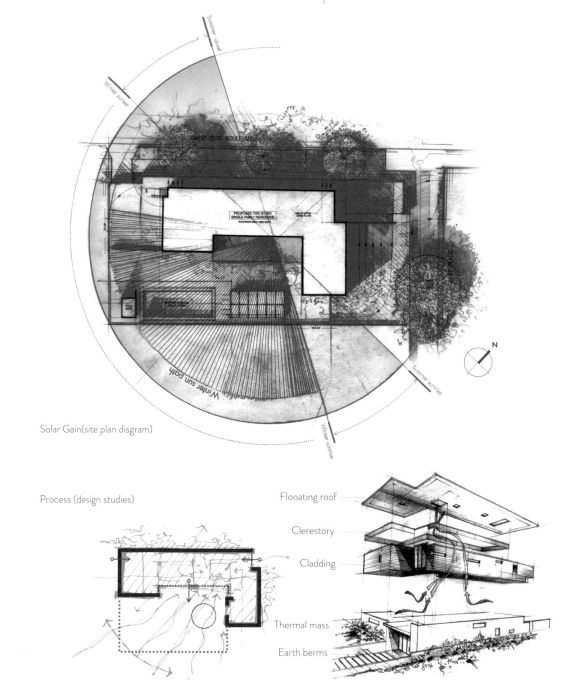

Solar Gain(site plan disgram)

Process (design studies)

Flooating roof

Clerestory

Cladding

Thermal mass

Earth berms

The Beitcher home combines it's owner practical needs with a variety of schemes for sustainable architecture including the direct benefit of passive solar heating in the form of a Trombe wall (a south facing wall built with materials which act as a thermal mass to absorb the heat and ventilated in such a way to act as a solar energy store), a cooling and passive ventilation system which drives the hot air up a chimney and a high tech solar heating system for all the domestic hot water. In addition to all these systems we also have to take into account the recyclable materials as well as those previously recycled prior to the construction process.

In the Beitcher house, the most important features as regards sustainable design can be classified in three groups: passive solar design, technological advancements in solar energy and solar electric power and the great many environmentally friendly materials.

La casa Beitcher mezcla los requisitos funcionales del cliente con una gran variedad de estrategias de arquitectura sostenible, que incluyen el beneficio directo de la calefacción solar pasiva en forma de muro Trombe (un muro orientado al sur construido con materiales que acumulan el calor bajo el efecto de la masa térmica y ventilado de tal forma que ejerce como un colector solar térmico), un sistema de refrigeración y ventilación pasiva que, a través de una chimenea, impulsa el aire caliente hacia arriba y una unidad de avanzada tecnología en calefacción solar termal activa que trabaja para calentar el agua de toda la casa. A todos estos sistemas habría que sumar la interacción tanto de materiales reciclables como los procedentes de reciclado previo para el proceso constructivo. Las características más importantes presentes en la casa Beitcher en cuanto a diseño sostenible se pueden agrupar en tres conjuntos: diseño solar pasivo, tecnologías avanzadas de térmica solar y eléctrica solar y el gran espectro de materiales ecológicos.

The appearance of the Beitcher house is based upon a wide spectrum of "Green" building materials. The outside facings for example are in FSC certified Red Cedar panels, the entire roof on the main floor is bamboo plywood (without any added formaldehyde and rapidly renewable) and the entire flooring on the first floor is in palm wood plywood, of a similar appearance to that of bamboo.

La imagen de la casa Beitcher se nutre de un amplio espectro de materiales de construcción "verdes". Por ejemplo, el revestimiento exterior está realizado en paneles de Cedro Rojo con la certificación FSC, todo el techo de la planta principal en contrachapado de bambú (sin formaldehído añadido y de rápida renovación) y la totalidad del pavimento de la primera planta en contrachapado de madera de palma, de características similares al de bambú.

Main level plan

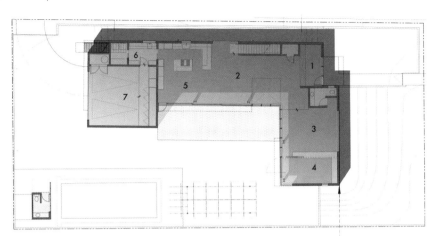

Upper level plan

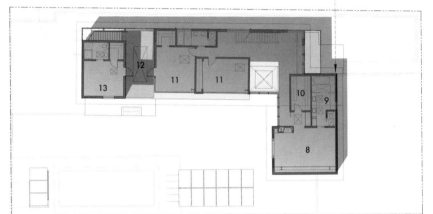

1. Entry
2. Living room
3. Sitting room
4. Sewing room
5. Kitchen
6. Pantry
7. Garage
8. Master bedroom
9. Master bathroom
10. Closet
11. Bedroom
12. Deck
13. Crashpad

LEAF HOUSE

Undercurrent Architects
Location: Sydney, Australia
Photographs: © Hugh Rutherford

Leaf House is a pavilion for a private residence in the north of Sidney, sited in a dramatic coastal setting. The building engages it surroundings into the vegetation; its base shaping the terrain. The design is characterized by oversailing roof shells that resemble fallen leaves, held loosely together by a structure of twisted steel beams that bring dynamic forces inside. The interior is enclosed with a thin veil of moulded glass that activates views and reflections. Private rooms are tucked below into a sandstone podium fused to the terrain. The project entailed design and building roles, as methods were improvised to achieve high technical complexity within cost constraints.

Leaf House es una residencia privada ubicada en Sidney, en un espectacular escenario costero. El edificio participa en el entorno mezclándose entre la vegetación; su base dando forma al terreno. El diseño se caracteriza por unas cubiertas del techo superpuestas que parecen hojas caídas, que se mantienen unidas por una estructura de barras de acero retorcidas que lleva las fuerzas dinámicas al interior. El interior está cercado con un fino velo de vidrio moldeado que crea vistas y reflejos. Las habitaciones privadas se encuentran debajo de una tarima de piedra arenisca que se fusiona con el terreno. El proyecto implicó funciones de diseño y construcción, puesto que los métodos se improvisaron para lograr una elevada complejidad técnica dentro de las limitaciones de costo.

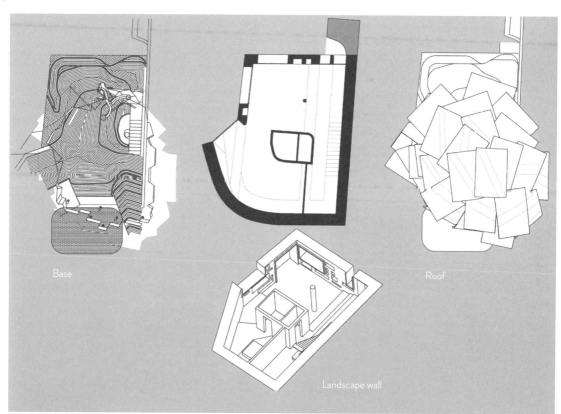

Base

Roof

Landscape wall

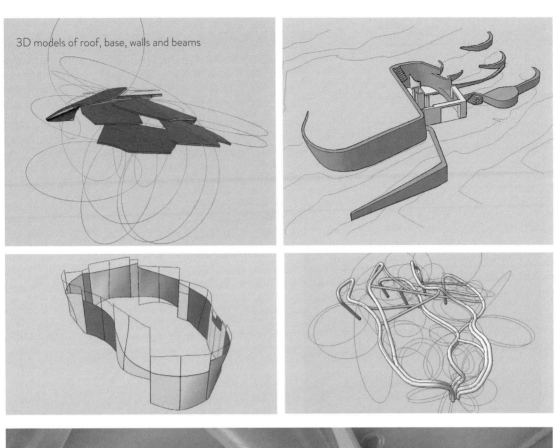

3D models of roof, base, walls and beams

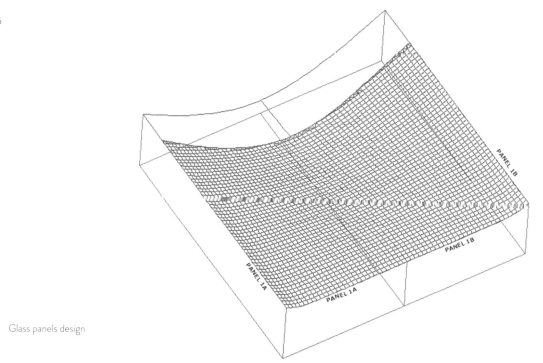

Glass panels design

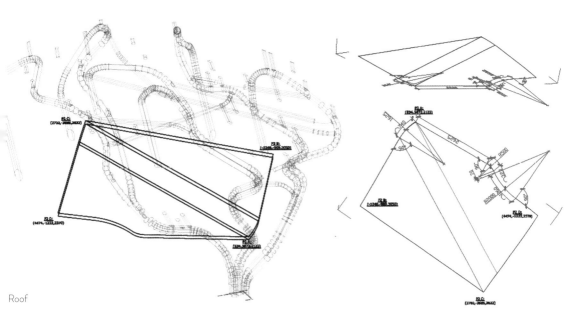

Roof

MINI HOME

Daniel Hall & Andy Thompson/Sustain Design Studio
Location: Vancouver, Canada
Photographs: © Sustain Design Studio

Mini Home is different to other eco-friendly and prefabricated housing for the simple reason that this one comes on wheels and can be moved from one place to another, whether it be private land or a leisure park. This 32m2 dwelling has been designed to minimise electricity consumption. The refrigerator, kitchen appliances and heating are all run off propane. Also installed are solar panels, a wind turbine and a drum to collect organic fertilizer. The insulation panels installed in the roof, the walls and the floor together with the high performance windows keep the house acclimatized for longer.
The home has three well defined zones: the kitchen and dining room on one side, the lounge on another and lastly the bedrooms. Each of the zones occupies a particular coloured unit with different finishes. This configuration not only allows for the house to be extended but also allows for a terrace and garden to be included.

Mini Home es diferente a otras viviendas ecológicas y prefabricadas, porque gracias a sus ruedas puede trasladarse a cualquier lugar, ya sea un terreno privado o un área recreativa.
Esta casa de 32 m2 ha sido diseñada para minimizar el consumo de electricidad. El refrigerador, la cocina y la calefacción funcionan con propano. Además, se han instalado unos paneles solares, una turbina de viento y un baño que recoge abono orgánico. Unos paneles de aislamiento colocados en el techo, en las paredes y en el suelo, y unas ventanas de alto rendimiento permiten mantener la casa acondicionada por más tiempo.
La vivienda tiene tres zonas bien definidas: la cocina y el comedor por un lado, el salón por otro y finalmente la zona de dormitorios. Cada una de estas zonas ocupa un módulo de un color y acabado diferentes. Gracias a esta configuración, la casa puede ampliarse e incluso alojar una terraza y un jardín.

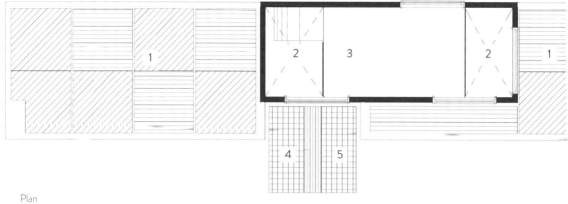

Plan

1. Roof garden
2. Open to below
3. Backstairs to loft
4. Solar 1
5. Solar 2

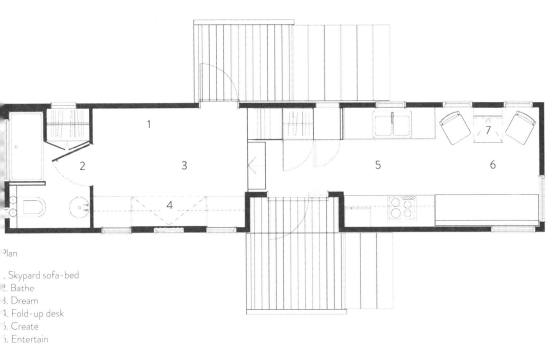

Plan

1. Skypard sofa-bed
2. Bathe
3. Dream
4. Fold-up desk
5. Create
6. Entertain
7. Fold-down table

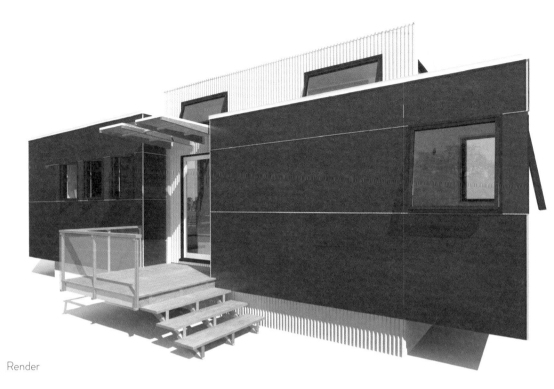

Render

HOUSE Z HUIS

Wishbone Tiny Homes | Teal Brown, Gerry Brown
Location: Asheville, North Carolina
Photographs: © Teal Brown

This tiny home on wheels is 8'x 24' and features a unique exterior finish, solar PV (1 KW PV system with battery backup), a study loft accessible by climbing wall, custom shower, washer/dryer, and off grid water tank. Z Huis features two sleeping lofts, one of which is accessed by climbing a rock wall. When the client collaborated with Wishbone Tiny Homes to build the home, they said they wanted it to reflect their outdoorsy lifestyle (hence the climbing wall).

Storage has been incorporated into every nook and cranny available, like the dog crate found under the stairs. The combination of fun elements and function can be found in every room.

The first floor of the unit contains a sunken living area, a generous kitchen, and a bathroom. Lighting doesn't seem to be a problem thanks to a number of relatively small but well placed windows. Given their preferences for a low-carbon lifestyle and an off-grid home, they've installed LED lighting throughout.

Esta diminuta casa sobre ruedas tiene 8' x 24' y muestra un acabado exterior único, energía solar fotovoltaica (sistema con batería de reserva de 1 KW), un altillo estudio accesible a través de un muro de escalada, ducha personalizada, lavadora / secadora, y un tanque de agua desconectado de la red.

Z Huis presenta dos altillos dormitorio, uno de los cuales es accesible subiendo un muro de escalada. Cuando el cliente colaboró con Wishbone Tiny Homes para construir la casa, dijeron que querían que reflejase su estilo de vida al aire libre (de ahí el muro de escalada).

El almacenamiento se ha incorporado en cada rincón disponible, como la casa para el perro debajo de las escaleras. La combinación de elementos divertidos y funcionales pueden encontrarse en cada habitación.

El primer piso de la unidad contiene una sala de estar a un nivel más bajo, una generosa cocina y un baño. La iluminación no es un problema gracias al número de ventanas relativamente pequeñas, pero que están bien situadas. Dadas sus preferencias por un bajo consumo de CO_2 y al ser una casa independiente de la red, los clientes han instalado luces de LED en toda ella.

Elevation

The home is clad in Hardie Panels (cement-based siding material) that got a paint process that creates the rusty metal look.
The interior panels are printed in plywood, and the floor is in dark woods. Wallpaper of geometric colorful stripes can be found in the bedroom areas and the kitchen.

La casa está cubierta de paneles "Hardie" (material de revestimiento hecho de cemento) que tienen un proceso de pintura que crea una apariencia de metal oxidado. Los paneles interiores están estampados en contrachapado y el suelo es de maderas oscuras. Se puede encontrar papel de pared en coloridas franjas geométricas en el área de los dormitorios y en la cocina.

Stairs

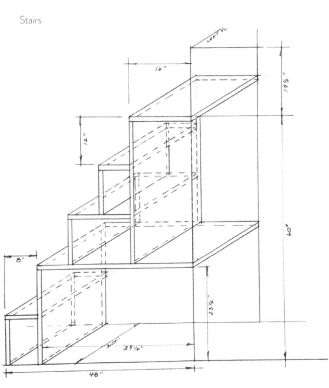

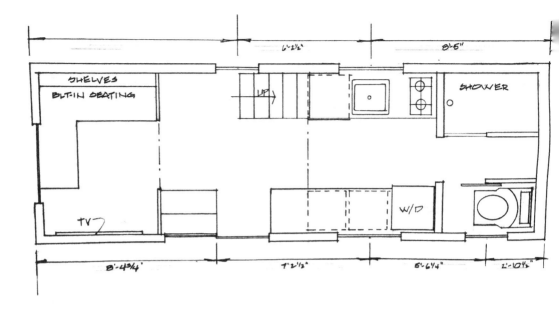

Floor plan

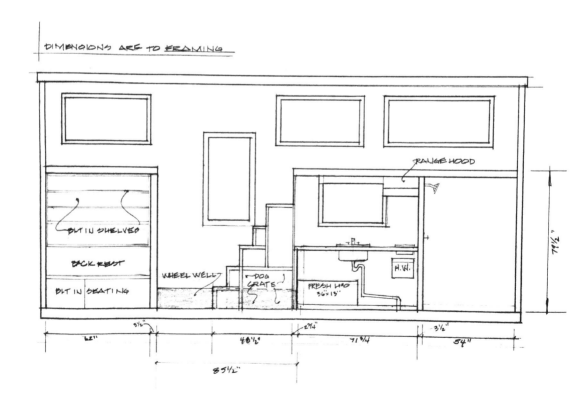

Kitchen elevation

LIVING TINY AND GREEN

Living Tiny and Green
Location: Byron Shire, Australia
Photographs: © Living Tiny and Green

One of the biggest reasons for building this tiny house is their proprietors desire to live in a zero emissions home. Only renewable energies are used here to power the appliances. And therefore, this is a 100% off the grid home. Paul and Annett built this house by themselves, putting their individual taste and style into it.

Nothing is missing here, Solar panels, Biogas digester, Rainwater collection tank, Solar hot water... and the searching of freedom all of us want.

Una de las principales razones para construir esta mobile home fue el deseo que tenían sus propietarios de vivir en una casa con cero emisiones. Solo se utilizan energías renovables como fuente de alimentación para los electrodomésticos, y por tanto, este es un proyecto100% off-grid. Paul y Annett construyeron esta casa por y para ellos mismos, poniendo su gusto y estilo personal en ella.

No le falta nada, paneles solares, digestor de biogás, tanque de recolección de agua de lluvia, agua caliente solar ... y la búsqueda de la libertad que todos queremos.

Solar Energy:
6 solar panels which bring in 310Watts each or 1.86kW combined.
22kW/h battery pack and a 4kW inverter.

Rainwater Collection:
10,000L water tank pressured by DAB e.sybox mini pump.
A drinking water filter under the kitchen sink purifies the rainwater.

Solar Hot Water:
20 evacuated tubes heat up a 165L water tank which provides hot
water for the house.

Biogas:
Clean cooking gas generated from organic food waste.
6L/day of food waste create 2 hours of cooking gas.

Reed Bed Filtration system:
A natural system often used in permaculture gardens to filter the
greywater which is water from the kitchen, shower or washing
machine.

HOUSE VVDB

dmvA

Location: Mechelen, Belgium

Photographs: © Frederik Vercruysse

In the eighties architect Jan Van Den Berghe built his own house on a marvellous spot, close to the channel Mechelen-Brussels. Roof-type, symmetrical ground plan, wooden structure, honest materials, the use of cement stone and many-coloured aluminium joinery, were the main characteristics of this building period in Flanders. This post-modern pyramid house was a statement for the seventies/
eighties. Architect Van den Berghe requested dmvA to refurbish his own house for his daughter, who owns a well-known company designing hats and bags. The basic idea was to create more transparency and spaciousness in the house.
Elegant, light spiral stairs in steel replaced the heavy looking concrete ones. By detailing the stairs without central newel and applying the expressive colour red for both the stairs as for the brilliantly woven safety ropes, it gets the appearance of a piece of art.

En los años ochenta, el arquitecto Jan Van Den Berghe construyó su propia casa en un lugar maravilloso, cerca del canal Mechelen-Brussels. El tipo de tejado, el plano de planta simétrico, la estructura de madera, los materiales honestos, el uso de piedra de cemento y la carpintería de aluminio de varios colores, eran las principales características de las construcciones de esa época en Flandes. Esta casa piramidal postmoderna da testimonio de la arquitectura de los años setenta y ochenta. El arquitecto Van den Berghe le pidió a dmvA que reformara su propia casa para su hija, que tiene una conocida empresa de diseño de sombreros y bolsos. La idea principal era crear más transparencia y amplitud en la casa. Unas elegantes y ligeras escaleras sustituyeron las antiguas escaleras de hormigón que parecían muy pesadas. Al detallar las escaleras sin barandilla central y aplicar el expresivo color rojo tanto en las escaleras como en las cuerdas de seguridad brillantemente tejidas, se consigue que tengan la apariencia de una obra de arte.

Section

1. Entrance Hall
2. Working Space
3. TV Corner
4. Dining Room
5. Relax Room
6. Master Bedroom
7. Children's Bedroom
8. Attic / Library

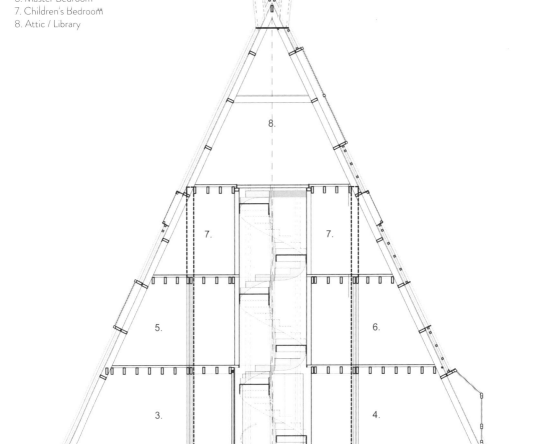

0   1

The living room and kitchen are situated on the first floor. They are symmetrically implanted around the central glass cylinder. The open and transparent realization of this living area as well as the panoramic window creates a splendid view on the passing ships on the channel. The second floor, a big open space around a closed cylinder, allocated to the parents, accommodate a master bedroom, a bathroom and wellness room. The round openings in the floor, covered with transparent glass, link the first and second floor. The children have their bedrooms on the third floor. The architectural walk ends under the ridge of this pyramid house, in a 'zen-like' space, more then 12 meters above ground level. This was the favourite space of the architect, Jan van den Bergh. It functions now as a library, but out of respect to this architect, the wood lining remained untouched.

La sala de estar y la cocina están situadas en la primera planta. Están implantadas simétricamente alrededor del cilindro de cristal central. La realización abierta y transparente de esta sala de estar y la ventana panorámica permiten unas vistas espléndidas de los barcos que pasan por el canal.
El segundo piso, un gran espacio abierto alrededor del cilindro cerrado, asignado a los padres, alberga un dormitorio principal, un cuarto de baño y una sala de wellness. Las aperturas redondas del suelo, cubiertas con vidrio transparente, unen el primer y el segundo piso. Los niños tienen los dormitorios en el tercer piso. El paseo arquitectónico termina bajo el caballete de esta casa piramidal, en un espacio "zen", a más de 12 metros de altura. Este era el lugar predilecto del arquitecto, Jan van den Bergh. Ahora hace la función de biblioteca, pero por respeto al arquitecto, no se ha tocado el revestimiento de madera.

Circulating in the house by these stairs, which connect all different storeys, is like a 'promenade architecturale', sometimes hiding, sometimes revealing. The former workspace of the architect on the ground floor was turned into a studio for company Awardt. Three big cylinder-elements, hiding the stairs, a toilet and a cloakroom, discretely separate the entrance from the studio. The huge prints of hats and bags on these volumes refer to urban advertising-pillars and enhance the spatial continuity.

Circular por la casa por estas escaleras, que conectan todos los pisos, es como un "paseo arquitectónico", a veces esconde elementos y a veces los revela. La antigua zona de trabajo del arquitecto en la planta baja se convirtió en un estudio para la empresa Awardt. Tres grandes elementos cilíndricos, que esconden las escaleras, un lavabo y un aseo, separan discretamente la entrada y el estudio. Las enormes láminas de sombreros y bolsos en estos volúmenes hacen referencia a las columnas publicitarias urbanas y realzan la continuidad espacial.

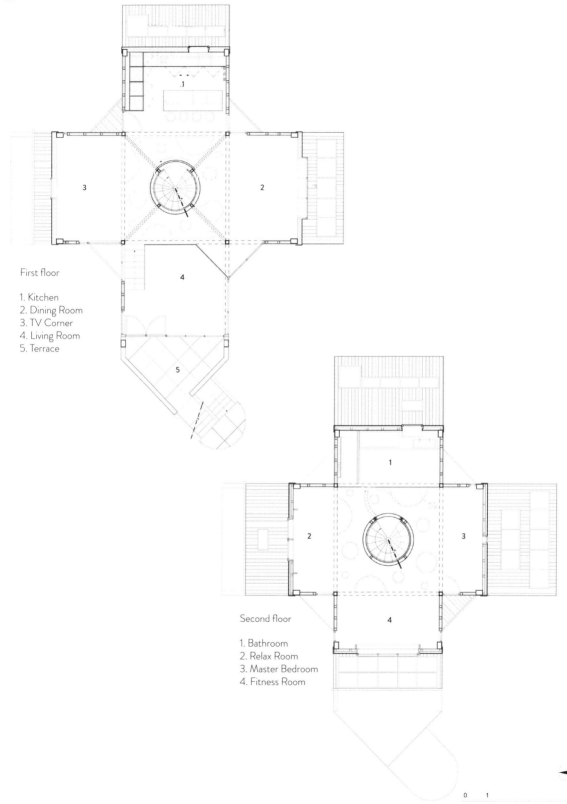

First floor

1. Kitchen
2. Dining Room
3. TV Corner
4. Living Room
5. Terrace

Second floor

1. Bathroom
2. Relax Room
3. Master Bedroom
4. Fitness Room

0   1

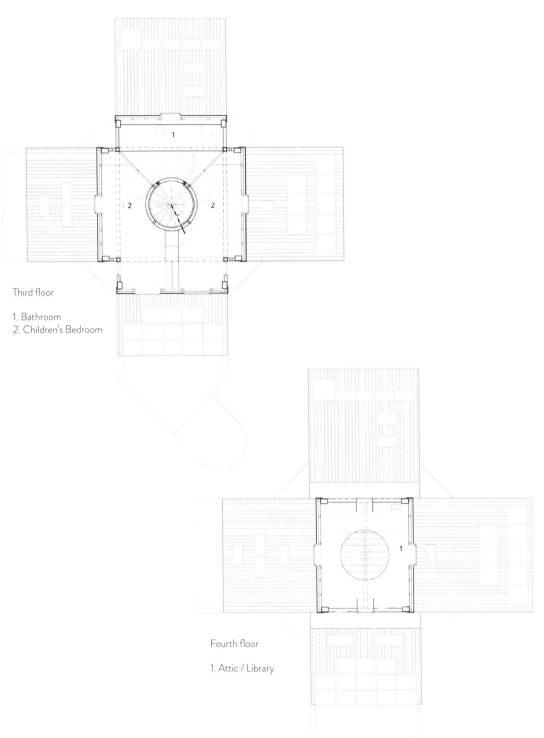

Third floor

1. Bathroom
2. Children's Bedroom

Fourth floor

1. Attic / Library

0   1   5m

CONTEMPORARY TINY HOUSE

Walden Studio
Location: Alkmaar, Netherlands
Photographs: © Walden Studio

Self-sufficient living and building with natural materials may sound like hippie seventies stuff, however this small house manages to combine sustainability with sleek design. Walden Studio mounted this 17 square meter house on a trailer for Marjolein Jonker in the Netherlands. The compact size of the house led to a multi-functional design, which makes it not just a house with an interior, instead the interior is part of the design as a whole.

You enter the house through the front door, made up of two large windows. Once inside you can nest yourself in the corner couch, which accommodates storage space and can also be transformed into a dining table that seats four. In the middle of the house you'll find a kitchen, the stairs and a desk. The stairs functions as a closet and offers space for the refrigerator. In case you think living smaller equals sobriety, think again! In the bathroom, you can sit back and enjoy a panoramic view while bathing, now that is some small scale luxury.

Vivir de una manera autosuficiente y construir utilizando materiales naturales puede parecer algo hippie, sin embargo, esta pequeña casa logra combinar sostenibilidad con un diseño elegante. Walden Studio diseñó esta casa de 17 metros cuadrados en un remolque para Marjolein Jonker en los Países Bajos. El tamaño compacto de la casa condujo a un diseño multifuncional, lo que hace que no sea solo una casa con un interior, sino que el exterior es también parte del diseño en su conjunto.

La puerta principal se compone de dos grandes ventanas. En una esquina se encuentra el sofá, que a su vez sirve como espacio de almacenamiento, y también se puede transformar en una mesa de comedor con capacidad para cuatro personas. En el centro de la casa encontramos la cocina, las escaleras y un escritorio. Las escaleras funcionan como un armario y ofrecen espacio para el frigorífico. En el baño, uno puede sentarse y disfrutar de una vista panorámica mientras se baña, es decir, un auténtico lujo a pequeña escala.

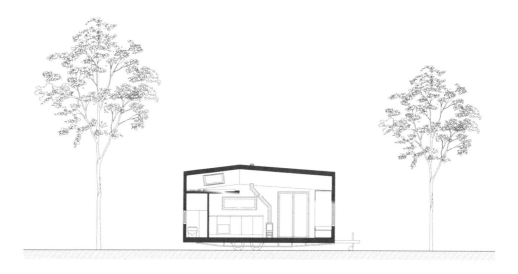

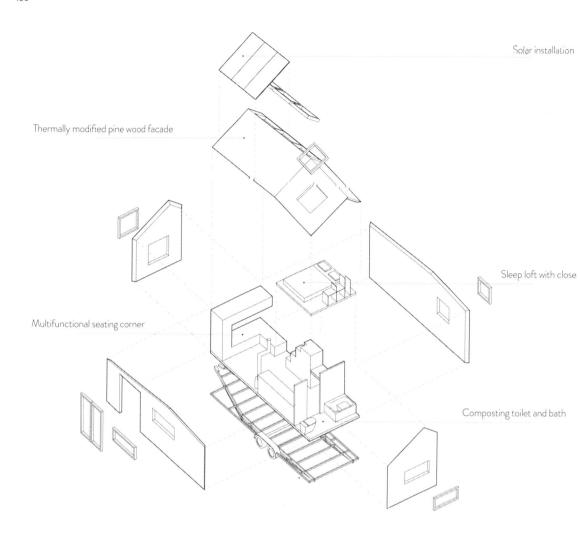

Solar installation

Thermally modified pine wood facade

Sleep loft with close

Multifunctional seating corner

Composting toilet and bath

Probably the most defining feature of the house is the big amount of daylight entering the house, thanks to the four roof lights. Despite the constraints of a small sized house, it feels spacious and transparent. This effect is further strengthened by the use of light materials, a white finish for the walls combined with birch plywood.

The house is inspired by the tiny house movement. Living small generates more freedom; there is less junk in your house, you have to clean less and you don't have to worry about a high mortgage since the average price is a fifth of a "normal" house. Furthermore, living smaller means using less energy. In this house, a small wood stove can easily heat the entire home and the roof is fitted with three big solar panels that produce the required electricity. In the bathroom a composting toilet has been placed to reduce water usage and create compost. The house will also harvest its own rainwater and take care of waste water with a natural wastewater treatment system.

Probablemente la característica que mejor define la casa es la gran cantidad de luz diurna que se recibe, gracias a las ventanas del techo. A pesar de las limitaciones de una casa de pequeño tamaño, la sensación que transmite es espaciosa y transparente. Este efecto se ve reforzado por el uso de materiales ligeros, un acabado blanco para las paredes, combinado con madera contrachapada de abedul.

La casa está inspirada por el movimiento "tiny house". Vivir en un sitio pequeño genera más libertad; más limpieza, y la importancia de no preocuparse por una hipoteca demasiado alta, ya que el precio promedio es una quinta parte de una casa "normal". Además, vivir así significa usar menos energía. En este espacio, una pequeña estufa de leña puede calentar fácilmente toda la casa, y el techo está equipado con tres grandes paneles solares que producen la electricidad requerida. En el baño se ha colocado un inodoro de compostaje para reducir el uso de agua. La casa también recogerá su propia agua de lluvia y se encargará de las aguas residuales con un sistema natural de tratamiento.

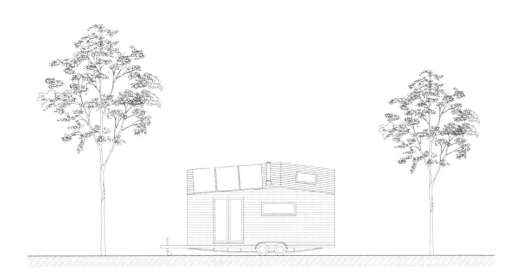

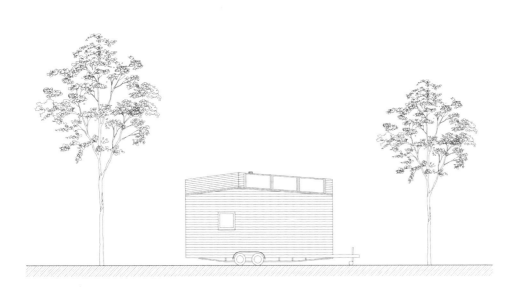

The ecological impact is reduced even further by using bio-based materials. To give some examples, the facade is made out of thermally modified pine wood from Scandinavia, treated naturally to last as long as a tropical hard wood. The construction consists of spruce wood studs and Ecoboard, a sheet material made of agricultural waste products, which has been painted with ecological paint. The floor is made of cork and to keep Marjolein warm during the Dutch winters, the house is insulated with a layer of sheep wool.

El impacto ecológico se reduce aún más mediante el uso de materiales de base biológica. Por poner algunos ejemplos, la fachada está construida de madera de pino modificada térmicamente al estilo escandinavo, tratada naturalmente para durar tanto como una madera tropical. La construcción consta de postes de madera de abeto y Ecoboard, un material laminar hecho de productos de desecho agrícola, que ha sido pintado con pintura ecológica. El suelo está hecho de corcho y para mantener todo caliente durante los inviernos holandeses, la casa está aislada con una capa de lana de oveja.